国有企业中长期激励

实操与案例研究

PRACTICE AND CASE ANALYSIS OF
MEDIUM AND LONG TERM INCENTIVE IN STATE-OWNED ENTERPRISE

韩笑妍　李　矗　周丽莎◎主　编
包张静　付学博　肖　雪◎副主编

中国经济出版社
CHINA ECONOMIC PUBLISHING HOUSE
·北 京·

图书在版编目（CIP）数据

国有企业中长期激励实操与案例研究／韩笑妍，李矗，周丽莎主编．--北京：中国经济出版社，2020.12（2022.7 重印）

ISBN 978-7-5136-6142-3

Ⅰ.①国… Ⅱ.①韩…②李…③周… Ⅲ.①国有企业-激励制度-研究-中国 Ⅳ.①F279.241

中国版本图书馆 CIP 数据核字（2020）第 266194 号

项目统筹　李煜萍
责任编辑　王　帅
责任校对　李若雯
责任印制　马小宾

出版发行　中国经济出版社
印 刷 者　北京艾普海德印刷有限公司
经 销 者　各地新华书店
开　　本　710mm×1000mm　1/16
印　　张　14.5
字　　数　194 千字
版　　次　2020 年 12 月第 1 版
印　　次　2022 年 7 月第 3 次
定　　价　68.00 元
广告经营许可证　京西工商广字第 8179 号

中国经济出版社　**网址** www.economyph.com **社址** 北京市东城区安定门外大街 58 号 **邮编** 100011

本版图书如存在印装质量问题，请与本社销售中心联系调换（联系电话：010-57512564）

本书编委会

主　编

韩笑妍　李　矗　周丽莎

副主编

包张静　付学博　肖　雪

编　委

李涛华　陈建军　杜继风　杨　益

王　勇　张红利　胡　钰　王国义

李晨雨　董卫民　高曙先　罗春燕

左华伟　卢　威　曹　磊　江　磊

袁凯苏　杨倩倩　杨　莲

前言
Preface

中长期激励是企业管理活动中非常重要的组织行为，是解决国有企业发展动力的有效手段之一，除了解决动力问题以外，中长期激励也是很好的“约束”手段，将约束企业朝着既定的战略目标前进。

党的十八大以来，为应对世界经济形势变化和国内经济发展新常态，国家相继出台了一系列关于发展壮大国有经济的政策、制度和文件，并设计了方法、完善了标准、提出了要求，为国有经济的持续发展壮大指明了道路。其中，在国有经济中推进实施中长期激励，是众多措施中非常重要而又醒目的亮点。国有企业要不断提升业绩水平，必须优化完善激励约束机制，因此持续跟踪、研究和了解这一重要激励制度具有重要的意义。

本书以国有企业中长期激励模式选择为切入点，主要从理论背景、实操分析和案例解读三个部分展开研究。理论背景部分主要从国有企业中长期激励的政策演变过程、国有企业中长期激励的推行现状、国有企业中长期激励的相关政策和驱动机制等方面进行梳理；实操分析部分主要聚焦国有上市公司中长期激励模式、国有非上市公司中长期激励现金模式、国有非上市公司中长期激励股权模式三种激励模式，并在此基础上进一步深化，对股票期权、股票增值权、限制性股票、项目收益分红、岗位分红、超额利润分享、虚拟股权、股权认购、股权奖励、股权期权、项目跟投等现有的国有企业中长期激励工具进行综合分析，设计出贯穿国有企业中长期激励操作全流程，包含确定目标、明确条件、设计方案、实施方案等四大主要环节的国有企业中长期激励四步法；案例解读部分作为本书的特色和亮点，从实践出发，以上述设计的激励方法和激励工具为基础，从国有上市公司和非上市公司两方面入手，深入研究中长期激励的具体实施流程和典型案例，将二十余项珍贵的一手案例分别从确定目标、明确条件、设计方案、实施方案等四个维度进行归纳总结，并提炼出中长期激励的计划方案范本、计划书范本、股权转让范本等相关文书模板，输出的观点以期为后续研究提供借鉴和启发。

本书的出版得到国务院国资委研究中心，以及全国国资国企改革领域多位专家和学者的大力支持。希望本书中所提供的丰富案例资源以及一些开拓性的观点素材，能够为现阶段我国国有企业中长期激励方案的实操落地提供有益参考，为本领域的深入研究提供一定程度的基础性指导，为解决我国当前国有企业中长期激励的重点和难点问题提供一些思路，是为编写初衷。由于笔者水平有限，书中的不足之处，恳请各位专家、读者批评指正。

目录
Contents

第一篇　理论篇

第一章
国有企业中长期激励的理论背景 / 3

第一节　国有企业中长期激励政策演变过程 / 3

第二节　国有企业中长期激励推行现状 / 7

第三节　国有企业中长期激励相关政策 / 9

第四节　中长期激励的驱动机制 / 32

第二篇　实践篇

第二章
国有企业中长期激励实操分析 / 41

第一节　国有上市公司中长期激励模式 / 41

第二节　国有非上市公司中长期激励现金模式 / 47

第三节　国有非上市公司中长期激励股权模式 / 55

第三章
国有企业中长期激励四步法 / 66

第一节　确定激励目标 / 66

第二节　明确激励条件 / 67

第三节　设计激励方案 / 68
第四节　实施激励方案 / 73

第三篇　案例篇

第四章
国有上市公司中长期激励案例解读 / 79
第一节　中国联通限制性股票案例解读 / 79
第二节　国电南瑞限制性股票案例解读 / 87
第三节　海康威视限制性股票案例解读 / 95
第四节　汾酒集团限制性股票案例解读 / 98
第五节　中牧实业股份有限公司股票期权案例解读 / 106

第五章
国有非上市公司中长期激励案例解读 / 112
第一节　中材江西电瓷电气有限公司中长期激励案例解读 / 112
第二节　诚通国贸公司中长期激励案例解读 / 115
第三节　胜利油田森诺公司中长期激励案例解读 / 119
第四节　贵州能投中长期激励案例解读 / 127
第五节　海康威视中长期激励案例解读 / 132
第六节　泸州老窖中长期激励案例解读 / 136
第七节　中国电器院中长期激励案例解读 / 141
第八节　欧冶云商中长期激励案例解读 / 145
第九节　中外运化工中长期激励案例解读 / 147
第十节　中茶公司中长期激励案例解读 / 151
第十一节　泛亚航运中长期激励案例解读 / 154
第十二节　中铁设计中长期激励案例解读 / 157
第十三节　大地环境修复公司中长期激励案例解读 / 159

第十四节　正达科技中长期激励案例解读 / 161
第十五节　招标公司中长期激励案例解读 / 164
第十六节　江西旅游集团中长期激励案例解读 / 167

参考文献 / 170

附　录
国有企业中长期激励文书模板 / 174

第一篇

理论篇

| 第一章 |

国有企业中长期激励的理论背景

第一节　国有企业中长期激励政策演变过程

很长一段时间内，我国国有企业大多数存在发展动力不足等问题，调查发现，这种现象与激励不到位有一定的关系。国际经验表明，中长期激励既可以解决国企发展动力不足问题，也是很好的“约束”手段，将约束企业朝着既定的战略目标前进。然而，由于涉及产权制度变革问题，我国国有企业特别是非上市国有企业改革一直在路上，国家陆续出台一系列相关政策文件，但未得到大范围普及。

国有企业中长期激励根据其发展历程可以分为四个阶段，其进程中既有阻碍也获得一定经验，其中，技术要素和知识要素作用显著，骨干员工中长期激励问题已成为国有企业改革的重点。

一、初步探索阶段

1982 年前后是国有企业改革的转折时期，许多企业在改革中遇到瓶颈，开始寻找新的发展方式。最初职工入股集资就是在这个时期产生的，沈阳的部分国有企业做了最早尝试。1984 年 7 月，北京天桥百货股份有限公司首次尝试员工个人持股，公司正式挂牌。同年年底，共计 3200 多家企业尝试股份制改革，86% 的企业探索员工持股。员工集资在本轮员工持股改革中作用显著，但后期员工持股比例超过正常范围甚至出现了内部关系问题，该方案最终被国务院发文制止。

二、逐步规范阶段

第一部《中华人民共和国公司法》（以下简称《公司法》）于1994年开始实施，国有企业员工持股有了法律基础，由此引起新一轮员工持股热潮。同年深圳市颁布《关于内部员工持股制度的若干规定（试行)》，该规定提出三年内57家国有企业实施员工内部持股试点工作。该阶段主要表现为将员工持股纳入股份制改革中，但内部职工利用持股机会进行上市套利的短期行为、利用员工持股实现个人利益等问题也随之而来，政府有关部门发现问题后，下发通知并及时对员工持股、内部职工股等进行了清理。[1]

四通利方公司1997年从美国引进了650万美元风险投资和股票期权。1998年，天津泰达股份有限公司探索实施股票期权，提取年度利润的0.2%作为激励基金，刺激消费者购买泰达股份的流通股票，并作相应冻结。1999年初，上海工业系统试用股票期权激励制度发起“经营者革命”，若在既定时间内达到企业主管部门制定的经营业绩水平，经营管理者可以获得相当比例的股权或期权。联想等国有高科技企业在香港或海外上市对实施股票期权制度有促进作用。1999年7月，北京下发《关于国有企业经营者实施期股试点的指导意见》，同年底将凯建建筑、大明眼镜、金星笔业、中关村置业、北开股份、菜市口百货等10家企业作为试点。杭州、深圳、济南等地也相继出台对国有企业经营者实施中长期激励试点的指导意见。

---

① 钟培．军工科研院所实施中长期激励模式浅析[J]．军民两用技术与产品，2018(6)：20－24.

三、震荡发展阶段

1997 年前后，国有企业中长期激励进入无序发展阶段并陷入困境。1998 年 11 月，证监会紧急发布《关于停止发行公司职工股的通知》，该通知明确指出停止发行内部职工股票，但之前批准的内部职工股还会陆续上市。因此，该时期前期我国内部职工股数量达到了高峰，中后期逐渐回落。到 2004 年前后，内部职工股数量仅占总股数的 0.08%。各地区为开展员工持股改革工作，克服缺乏顶层政策法规指导和约束等问题，尝试多种国有产权量化出让办法，如 MBO、曲线 MBO、破产改制、员工持股等方式。直到 2004 年的“郎顾之争”，引起监管部门对该轮改革的思考，MBO 被大面积叫停。国务院国资委于 2008 年出台了《关于规范国有企业职工持股、投资的意见》，再次规范员工持股的诸多行为。该时期员工持股的引入和发展主要体现了两个功能：一是承接国有资本的退出，二是作为一种职工福利待遇。后续一段时间，国有企业的中长期激励一直处于谨慎探索甚至停滞的状态。①

1999 年 9 月 22 日，中共十五届四中全会通过的《中共中央关于国有企业改革和发展若干重大问题的决定》指出，建立健全国有企业经营者的激励和约束机制，实行经营管理者收入与企业的经营业绩挂钩。少数企业开始尝试新的股权分配方式，包括经理（厂长）年薪制并持有股权。政策层面要求及时总结经验，但不要刮风；要规范经营管理者提出的报酬，增强透明度。党的十六大报告更是明确提出“要确立管理与其他要素一起按贡献参与分配的原则”。

2002 年 9 月 17 日，国务院办公厅转发财政部、科技部制定的《关于国有高新技术企业开展股权激励试点工作的指导意见》，对于按《公司法》设立，并经省级以上科技主管部门认定为高新技术企业的国有

---

① 钟培．军工科研院所实施中长期激励模式浅析[J]．军民两用技术与产品，2018(6)：20－24.

独资公司和国有控股的有限责任公司、股份有限公司（上市公司除外），符合一定条件的，允许开展股权激励试点。其激励对象为对试点企业的发展作出突出贡献的科技人员和经营管理人员，股权激励方式包括股权（份）奖励、股权（份）出售、技术折股。该指导意见同时规定，部分试点企业可以按照国家有关政策、法规的规定，积极探索股份期权的激励方式。

四、稳步推进阶段

国务院国资委于2010年11月底开始启动央企分红激励试点，决定在13家位于中关村国家创新示范区内的高新技术企业和院所专制的中央企业开展。该举措真正的意义在于试水股权激励，探索真正适合于国有体制的股权激励。根据建立中长期激励机制的安排部署，国务院国资委于央企高管人员第二任期在非上市央企对企业负责人及管理技术骨干探索开展中长期激励试点。初步按照分类指导、点面结合、试点先行的原则，既结合任期考核结果给予任期奖励，又可以探索少数非上市公司企业高管人员中长期激励办法。

在党的十八届三中全会之后，中长期激励作为新一轮国企改革再次被提出，主要按以下三条路径推进，即：国有科技型企业股权和分红激励工作、国有控股混合所有制企业员工持股试点工作、国有控股上市公司股权激励工作。党的十九大提出“坚持按劳分配原则，完善按要素分配的体制机制，促进收入分配更合理、更有序”。按要素分配是未来不断完善国有企业收入分配制度的一个重要方向。国有企业的收入分配方式未来主要体现在绩效管理上，逐渐完善按“管理要素、技术要素、资本要素和知识要素”分配等机制。①

① 钟培．军工科研院所实施中长期激励模式浅析[J]．军民两用技术与产品，2018(6)：20－24.

第二节 国有企业中长期激励推行现状

从国企股权激励改革进程中可以发现，各层级国资监管机构在不断探索适合国内企业的中长期激励有效办法，政策倾向逐年显著。

一、国务院国资委及中央企业

自2009年末至今，国务院国资委陆续发布了多项文件，以积极推动中长期激励试点工作。2009年12月，国务院国资委令第22号文件《中央企业负责人经营业绩考核暂行办法》中提出，对企业负责人的奖励分为年度绩效薪金奖励和任期激励或者中长期激励，根据考核结果、经济增加值改善情况等，给予企业负责人相应的任期激励或者中长期激励。

2010年6月，国务院国资委在中央企业人才工作会议中表示正在研究制定《中央企业中长期人才发展规划纲要（2010—2020年）》，其中提出逐步加大对各类优秀人才、高层次人才的激励力度，研究对央企领导人员实施任期激励等中长期激励办法。

2010年11月，国务院国资委发布《关于在部分中央企业开展分红股权激励试点工作的通知》，明确了分红权激励试点的两种方式，即采取岗位分红权或项目收益分红方式，并强调激励力度与业绩持续增长挂钩。

2011年6月，国务院国资委发布《关于加强中央企业科技创新工作的意见》，探索建立企业科技创新的中长期激励机制，在符合条件的科技型上市公司中开展股票期权、限制性股票等激励试点。

从上述系列文件及会议中可以看出，中央企业得到认可的激励模式主要有分红权、“影子股票”等。其中“影子股票”的实质就是“股票增值权”，若一定时期内公司股票升值，经营者除得到正常收入之外还能够得到相关收入；分红权则是企业股东根据企业业绩考核标准，将部分分配利润奖励给企业骨干。分红权目前主要包括岗位分红权和项目分红权两类，且各类方式适用的企业有所区别。①

二、地方国资委及地方国有企业

上海作为国资改革的“先行军”，在推进国企股权激励方面走在各地前列。上海国资委在促进资产重组、产业机构调整、提高国资证券化率时，强力推进上市公司股权激励，提倡所有整体上市的国企均采用股权激励，刺激企业创新和发展，打造有竞争力的大企业集团。试行结果表明中长期激励机制对国企发展非常重要，鼓励进行股权激励试点。同时，上海国资委联合多家企业启动了国有企业科技创新激励机制研究课题，旨在健全向创新型人才倾斜的国有企业人才激励机制和中长期激励体系。在上海国资委新政的激励下，上海国有控股上市公司光明乳业于2010年1月出台了股权激励计划方案。继光明乳业股权激励计划出台之后，上海国资企业的股权激励试点改革蓄势待发，百联股份、上药集团、上汽集团等几家竞争环境较为激烈的国资控股上市公司均已完成股权激励改革试点的申请准备工作。

近年来，国资委为了深化体制机制改革、激发国企创新活力，积极开展和推动国有企业中长期激励试点工作，试图探索推行期股、期权等中长期激励措施。该工作已取得了较大的成绩，并在相关政策文件中明确提出进行中长期激励试点，于2010年11月29日发布了相关审批制度《企业中长期激励计划审批制度》。在该制度中，湖南国资委明确了国有控股上市公司及省属监管企业中长期激励计划审批依据，主要参照国有控股上市公司相关办法执行；明确了下属企业中长期激励计划审批工作程序，让该项工作有章可循。

① 王乙臣．国有企业股权激励发展趋势分析[J]．资本市场，2011(9)：110－115.

2007 年 10 月，江西国资委发布了《关于进一步深化国有企业改革和发展的若干实施意见》，明确了各种类型企业可以采取的中长期激励模式。提出要不断建立增量资产长效激励机制，鼓励为企业高管及核心管理人员、技术骨干建立股权激励机制。2010 年 6 月，江西国资委在《关于进一步完善省属集团公司激励保障机制 促进企业改革和发展的若干意见》中提出：要鼓励国有控股上市公司实行股权激励；进一步鼓励非上市国企建立业绩股权、股权增值权、虚拟股权、分红权等多种形式的股权激励机制；对经济效益好、资产质量和财务状况良好、内部控制制度和绩效考核体系健全、基础管理规范的企业超额完成目标净利润以上部分，可按照一定比例计提奖励金，以现金加股权奖励的方式兑现；企业改制时，可按政策规定采取“奖励 + 购股”方式实现企业高管和核心管理、技术骨干持股。①

第三节　国有企业中长期激励相关政策

党的十八大以来，为了应对世界经济形势变化和国内经济发展新常态，全国各地相继出台了一系列关于发展壮大国有经济的政策、制度和文件，提出了要求，完善了标准，设计了方式方法，为国有经济的持续发展壮大指明了道路。国有经济推进中长期激励成为众多措施中既重要又醒目的亮点。国有企业要不断提升业绩水平，必须优化完善激励约束机制。因此，持续跟踪、研究和了解这一重要激励制度具有重要的意义。②

国有上市公司、国有科技型企业、国有控股混合所有制企业员工持股是当前可以进行中长期激励的三类企业。对于此三种不同类型的企

---

① 王乙臣．国有企业股权激励发展趋势分析[J]．资本市场，2011(9)：110－115.

② 周海兵，徐芳．国有企业实施中长期激励的思考[J]．江西电力职业技术学院学报，2017，30(3)：77－79.

业，国家分别制定了一系列政策、制度和文件。

一、国家层面上市公司股权激励政策及解读

表 1-1　上市公司股权激励政策及解读（国家层面）

部门	核心政策	政策要点及解读
国务院国资委、财政部	《国有控股上市公司（境内）实施股权激励试行办法》的通知（国资发分配〔2006〕175 号）①	• 实施公司 公司治理结构规范，股东会、董事会、经理层组织健全，职责明确。外部董事（含独立董事，下同）占董事会成员半数以上；薪酬委员会由外部董事构成，且薪酬委员会制度健全，议事规则完善，运行规范② • 激励对象 原则上限于上市公司董事、高级管理人员以及对其整体业绩和持续发展有直接影响的核心技术人员和管理骨干；而监事、独立董事以及由上市公司控股公司以外的人员担任的外部董事，暂不纳入股权激励计划 • 授予总量 在股权激励计划有效期内授予的股权总量，应结合上市公司股本规模的大小和股权激励对象的范围、股权激励水平等因素，在 0.1% ~10% 之间合理确定③
	《国有控股上市公司（境外）实施股权激励试行办法》（国资发分配〔2006〕8 号）④	• 实施公司 公司治理结构规范，股东会、董事会、监事会、经理层各负其责，协调运转，有效制衡。董事会中有 3 名以上独立董事并能有效履行职责 • 激励对象 原则上限于上市公司董事、高级管理人员（以下简称“高管人员”）以及对上市公司整体业绩持续发展有直接影响的核心技术人才和管理骨干，股权激励的重点是上市公司的高管人员；上市公司母公司（控股公司）负责人在上市公司任职的，可参与股权激励计划，但只能参与一家上市公司的股权激励计划 • 授予总量 在股权激励计划有效期内授予的股权总量，应结合上市公司股本规模和股权激励对象的范围、薪酬结构及中长期激励预期收益水平合理确定

①②③　资料来源：国务院国资委、财政部《关于印发〈国有控股上市公司（境内）实施股权激励试行办法〉的通知》（国资发分配〔2006〕175 号）。

④　资料来源：国资委、财政部《国有控股上市公司（境外）实施股权激励试行办法》（国资发分配〔2006〕8 号）。

续表

部门	核心政策	政策要点及解读
国务院国资委、财政部	《关于规范国有控股上市公司实施股权激励制度有关问题的通知》（国资发分配〔2008〕171号）①	• 完善法人治理结构 上市公司在达到外部董事（包括独立董事）占董事会成员一半以上、薪酬委员会全部由外部董事组成的要求之后，要进一步优化董事会的结构，健全通过股东大会选举和更换董事的制度 • 完善股权激励业绩考核体系 （1）方式：业绩考核指标应包含反映股东回报和公司价值创造等综合性指标,② 反映公司盈利能力及市场价值等成长性指标，反映企业收益质量的指标；（2）授予、行权业绩水平；（3）根据企业业绩水平设定 • 限制性股票业绩考核 （1）实施公司条件；（2）对限制性股票激励对象的约束：限制性股票激励的重点应限于对公司未来发展有直接影响的高级管理人员③
中国证监会上市公司监管部	《关于上市公司实施员工持股计划试点的指导意见》（证监会公告〔2014〕33号）	• 资金与股票来源 资金来源为员工的合法薪酬和法律、行政法规允许的其他方式；股票来源为上市公司回购本公司股票，二级市场购买，认购非公开发行股票，股东自愿赠与，法律、行政法规允许的其他方式④ • 持股期与总量 每期员工持股计划的持股期限不低于12个月，以非公开发行方式实施员工持股计划的，持股期限不得低于36个月；全部有效的员工持股计划所持有的股票总数累计不得超过公司股本总额的10%，单个员工所获股份权益对应的股票总数累计不得超过公司股本总额的1% • 员工持股计划的管理 通过员工持股计划持有人会议选出代表或设立相应机构，代表员工持股计划持有人行使股东权利或者授权资产管理机构行使股东权利；上市公司可以自行管理本公司的员工持股计划，也可以将本公司员工持股计划委托给具有资产管理资质的机构管理⑤

①②③ 资料来源：2008年10月21日，国务院国资委、财政部发布《关于规范国有控股上市公司实施股权激励制度有关问题的通知》（国资发分配〔2008〕171号）。

④⑤ 资料来源：《关于上市公司实施员工持股计划试点的指导意见》（证监会公告〔2014〕33号）。

续表

部门	核心政策	政策要点及解读
中国证监会上市公司监管部	2016年7月，证监会发布了《上市公司股权激励管理办法》（证监会令第126号）	对上市公司实施股权激励的操作要求及流程进行了规定。 • 激励对象 股权激励计划的激励对象可以包括上市公司的董事、高级管理人员、核心技术（业务）人员，以及公司认为应当激励的其他员工，但不应当包括独立董事和监事 • 股票总数 上市公司全部有效的股权激励计划所涉及的标的股票总数累计不得超过公司股本总额的10%，非经股东大会特别决议批准，任何一名激励对象通过全部有效的股权激励计划获授的本公司股票累计不得超过公司股本总额的1% • 限制性股票 上市公司以股票市价为基准确定限制性股票授予价格的，在下列期间内不得向激励对象授予股票：定期报告公布前30日；重大交易或重大事项决定过程中至该事项公告后2个交易日；其他可能影响股价的重大事件发生之日起至公告后2个交易日 • 股票期权 上市公司董事会可以根据股东大会审议批准的股票期权计划，决定一次性授出或分次授出股票期权，但累计授出的股票期权涉及的标的股票总额不得超过股票期权计划所涉及的标的股票总额①
	《股权激励有关事项备忘录1号》（2008年3月）	• 提取奖励基金问题 • 主要股东、实际控制人成为激励对象问题 • 限制性股票授予价格的折扣问题 • 分期授予问题：一次授予、分期授予 • 行权指标设定问题 公司设定的行权指标须考虑公司的业绩情况，原则上实行股权激励后的业绩指标不低于历史水平 • 授予日 公司的股权激励计划中须明确股票期权或者限制性股票的具体授予日期或授予日的确定方式、等待期或锁定期的起止月 • 激励对象资格问题 激励对象不能同时参加两个或以上上市公司的股权激励计划 • 股东大会投票方式问题②

① 资料来源：2016年7月，证监会发布《上市公司股权激励管理办法》（证监会令第126号）。
② 资料来源：《股权激励有关事项备忘录1号》（2008年3月）。

续表

部门	核心政策	政策要点及解读
中国证监会上市公司监管部	《股权激励有关事项备忘录2号》(2008年3月)	• 激励对象问题 • 股权激励与重大事件间隔期问题 • 股份来源问题 • 其他问题 考核问题：公司根据自身情况，可设定适合于本公司的绩效考核指标。关联董事回避问题：董事会表决股权激励计划草案时，关联董事应予回避。预留股问题：公司如无特殊原因，原则上不得预留股份，确有需要预留股份的，预留比例不得超过本次股权激励计划拟授予权益数量的10%①
	《股权激励有关事项备忘录3号》(2008年9月)	• 股权激励方案的变更与撤销 • 股权激励会计处理 • 行权或解锁条件问题 • 行权安排问题 • 同时采用两种激励方式问题 • 附条件授予权益问题 • 激励对象范围合理性问题

二、国家层面非上市公司股权激励政策及解读

表1-2 非上市公司股权激励政策及解读（国家层面）

部门	核心政策	政策要点及解读
国务院国资委	《关于规范职工持股、投资的意见》(2008年9月)	• 各类企业股份制改革 国有大中型企业主辅分离辅业改制，鼓励辅业企业的职工持有改制企业股权，但国有企业主业企业的职工不得持有辅业企业股权。国有大型科研、设计、高新技术企业改制，对企业发展作出突出贡献或对企业中长期发展有直接作用的科技管理骨干，经批准可以探索通过多种方式取得企业股权，符合条件的也可获得企业利润奖励，并在本企业改制时转为股权，但其子企业（指全资、控股子企业）改制应服从集团公司重组上市的要求 • 持股范围 职工入股原则限于持有本企业股权

① 资料来源:《股权激励有关事项备忘录2号》(2008年3月)。

续表

部门	核心政策	政策要点及解读
国务院国资委	《关于规范职工持股、投资的意见》(2008年9月)	• 持股形式 通过向特定对象募集资金的方式设立股份公司引入职工持股，也可探索职工持股的其他规范形式① • 转让要求 • 入股资金来源 不得为职工投资持股提供借款或垫付款项
	《关于在部分中央企业开展分红权激励试点工作的通知》(2010年10月)	• 试点企业 中国核工业集团公司、中国航天科技集团公司、中国航天科工集团公司、中国航空工业集团公司、中国船舶重工集团公司、中国电子信息产业集团公司、中国节能环保集团公司、中国机械工业集团有限公司、机械科学研究总院、中国钢研科技集团有限公司、北京有色金属研究总院、北京矿冶研究总院、电信科学技术研究院中，注册于中关村国家自主创新示范区内中央企业、院所转制企业及其他科技型企业；实施岗位分红权的试点企业近3年研发费用占企业年销售收入比例均在2%以上，且研发人员不低于在岗职工总数的10%② • 激励形式 岗位分红激励、项目收益分红激励 • 实施分红权激励的基本要求 试点企业不得向全体员工实施分红激励等
	《国有科技型企业股权和分红激励暂行办法》(2016年2月)	• 试点企业 本办法所称国有科技型企业，是指中国境内具有公司法人资格的国有及国有控股未上市科技企业（含全国中小企业股份转让系统挂牌的）③ • 激励试点企业条件 • 激励对象股权来源 • 激励形式 • 激励额度

① 资料来源:《关于规范职工持股、投资的意见》(2008年9月)。

②③ 杨树. 国有企业开展科技人员股权和分红激励的相关政策、实践和建议[J]. 中国人力资源开发, 2016(10):22-29.

续表

部门	核心政策	政策要点及解读
国务院国资委	《关于混合所有制企业实行员工持股试点的指导意见》（2016年8月）	• 试点企业 主要是科技类型企业 • 实施层面试点企业 实施层面试点企业必须是二级或者二级以下企业 • 持股数量 员工持股的总比例不能超过25%、个人持股比例不能超过5% • 持股人员 有直接或较大影响的科研人员、经营管理人员和业务骨干 • 持股方式 可以采取直接持股，也可以采取间接持股，比如设置平台公司等① • 股权来源 采取增资扩股，不宜通过转让存量股权的方式让员工持股
国务院国资委、科技部	《关于高新技术中央企业开展股权激励试点工作的通知》（2004年4月）	• 试点企业 高新技术主业利润总额占试点企业总利润的50%以上 • 试点方案 试点方案应载明股本总额及其股权结构，股权激励的范围、条件和方式，股权的来源，股本设置及股权管理、处置，出售股权的价格系数，有关人员的绩效考核评价，持股数量和期限；②方案须经试点企业股东大会或董事会审议通过，同时提交职工大会审议，听取职工意见
财政部、科技部	《中关村国家自主创新示范区企业股权和分红激励实施办法》（2010年2月）	• 激励对象 重要的技术人员和企业经营管理人员 • 适用范围 国有及国有控股的院所转制企业、高新技术企业；示范区内的高等院校和科研院所以科技成果作价入股的企业；其他科技创新企业③ • 激励方式 股权奖励、股权出售、股票期权、分红激励

① 资料来源：《关于混合所有制企业实行员工持股试点的指导意见》(2016年8月)。

② 资料来源：《关于高新技术中央企业开展股权激励试点工作的通知》(2004年4月)。

③ 隽鸿．解读《中关村国家自主创新示范区企业股权和分红激励实施办法》[J]．华东科技，2011(5):16－17.

三、国家层面针对国有企业科技人员的市场化激励政策及解读

1. 国有科技型企业激励政策历程

财政部、科技部和国务院国资委于2016年2月26日联合发布《国有科技型企业股权和分红激励暂行办法》（财资〔2016〕4号）（以下简称"4号文"），这是我国首个专门针对国有科技型企业股权和分红激励的政策文件，为科技型企业激励科研人员、促进成果转化提供了政策指导。2010年起，国家在中关村开展了股权和分红激励试点。4号文是将中关村股权和分红激励试点经验，推广到全国国有科技型企业，旨在加快实施创新驱动发展战略，建立国有科技型企业自主创新和科技成果转化的激励分配机制，调动技术和管理人员的积极性和创造性，推动高新技术产业化和科技成果转化。自20世纪末至党的十八大以来，国家在各个时期相继出台了一系列促进科技成果转化以及国有科技型企业股权和分红激励政策（见图1－1）。①

2017年，财政部、科技部和国务院国资委针对企业关心的问题，如企业适用条件、激励对象要求、激励实施条件、激励方案管理等方面问题进行了解答。② 明确了适用条件和实施条件，同时也提出：如企业同时符合4号文③和《关于印发〈关于国有控股混合所有制企业开展员工持股试点的意见〉的通知》（国资发改革〔2016〕133号）的条件，可择一参考实施。

财政部、科技部和国务院国资委于2018年10月19日针对扩大国有科技型企业认定范围问题，又发布了《关于扩大〈国有科技型企业

① 杨树．国有企业开展科技人员股权和分红激励的相关政策、实践和建议［J］．中国人力资源开发，2016（10）：22－31.

② 国务院国资委．国有科技企业股权和分红激励问题解答（下）［J］．财会信报，2017（11）：1－3.

③ 资料来源：《国有科技型企业股权和分红激励暂行办法》（财资〔2016〕4号）。

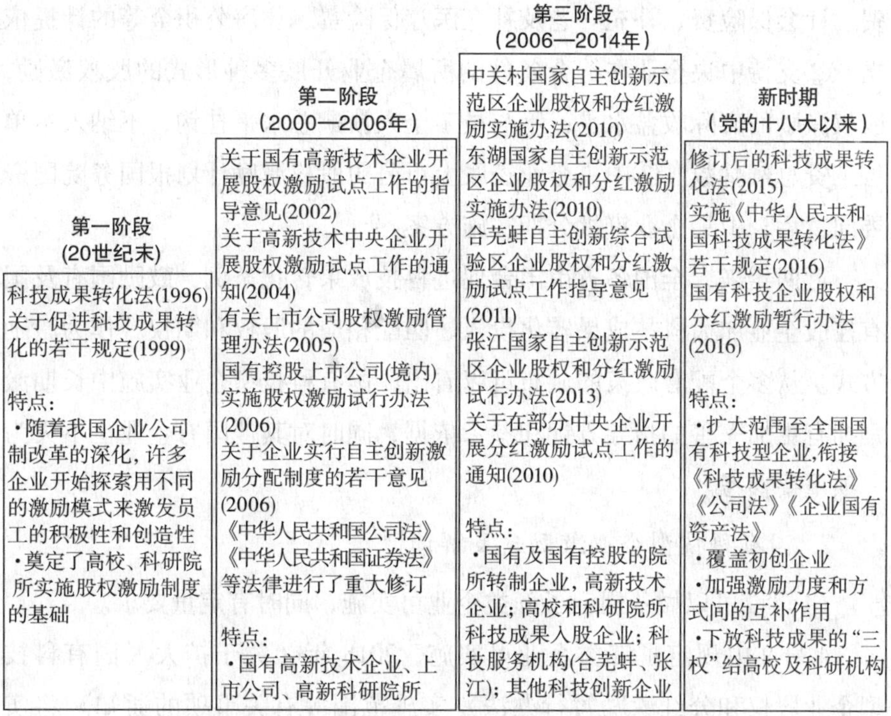

图1－1　历年国有非上市企业股权和分红权激励方案概要

股权和分红激励暂行办法〉实施范围等有关事项的通知》[①] 并取消部分认定条件，最终增加为五类企业，旨在激励国有科技型企业建立健全激励分配机制，进一步增强技术和管理人员的获得感。

2019年6月5日，国务院国资委发布了《关于印发〈国务院国资委授权放权清单（2019年版）〉的通知》，重点选取了五大类35项授权放权事项列入《国务院国资委授权放权清单（2019年版）》,[②] 其中明确提出：①中央企业审批所属科技型子企业股权和分红激励方案，企业实施分红激励所需支出计入工资总额，但不受当年本单位工资总额限制、不纳入本单位工资总额基数，不作为企业职工教育经费、工会经

① 资料来源：《关于扩大〈国有科技型股权和分红激励暂行办法〉实施范围等有关事项的通知》（财资〔2018〕54号）。

②资料来源：《关于印发〈国务院国资委授权放权清单(2019年版)〉的通知》(2019年6月5日)。

费、社会保险费、补充养老及补充医疗保险费、住房公积金等的计提依据。②支持中央企业在符合条件的所属企业开展多种形式的股权激励，股权激励的实际收益水平，不与员工个人薪酬总水平挂钩，不纳入本单位工资总额基数。③中央企业控股上市公司股权激励计划报国务院国资委同意后，中央企业审批分期实施方案。[①]

近两年来，全国各省市出台促进科技成果转化条例，鼓励国有及国有控股企业加大科技成果转化投入、匹配相应的股权和期权等作为激励方式。从多个配套政策的颁布可以看出，国有科技型企业实施中长期激励拥有更加完善的指导方针和参考依据，同时对其他国有企业也不失为一项重要参考。

2. 国有科技型企业激励政策解读

（1）谁可以做：规定了五类企业可实施，同时有定量要求。

4 号文中规定了三类企业可实施，2018 年《关于扩大〈国有科技型企业股权和分红激励暂行办法〉实施范围等有关事项的通知》将实施范围增加至五类企业：国家认定的高新技术企业、转制院所企业及所投资的科技企业（2018 年新增与完善）、高等院校和科研院所投资的科技企业、纳入科技部“全国科技型中小企业信息库”的企业（2018 年新增）以及国家和省级认定的科技服务机构。五类企业有不同定义，这些规定属于定性规定（见表 1－3）。

表 1－3　对五类可实施激励计划企业的定性规定

类别	定义	依据
国家认定的高新技术企业	根据《科技部 财政部 国家税务总局关于修订印发〈高新技术企业认定管理办法〉的通知》（国科发文〔2016〕32 号）、《科技部 财政部 国家税务总局关于修订印发〈高新技术企业认定管理工作指引〉的通知》（国科发文〔2016〕195 号）认定的高新技术企业	2017 年科技部、财政部、国家税务总局解答

① 资料来源：《关于印发<国务院国资委授权放权清单（2019 年版）>的通知》（2019 年 6 月 5 日）。

续表

类别	定义	依据
转制院所企业及所投资的科技企业	转制院所企业是指根据《国务院办公厅转发科技部等部门关于深化科研机构管理体制改革实施意见的通知》（国办发〔2000〕38号），国务院部门（单位）所属科研机构已转制为企业或进入企业的主要从事科学研究和技术开发工作的机构，以及各省、自治区、直辖市、计划单列市所属已转制为企业或进入企业的主要从事科学研究和技术开发工作的机构	2017年科技部、财政部、国家税务总局解答；投资企业为2018年新增，无具体定义
高等院校和科研院所投资的科技企业	包括两类情况：一是高等院校、科研院所直接投资的科技企业；二是高等院校、科研院所通过其独资设立的资产管理公司投资的科技企业	2017年科技部、财政部、国家税务总局解答
纳入科技部“全国科技型中小企业信息库”的企业	国有科技型中小企业、国有控股上市公司所出资的各级未上市科技子企业	2018年新增无具体定义
国家和省级认定的科技服务机构	科技服务机构的主要业务符合《国务院关于加快科技服务业发展的若干意见》（国发〔2014〕49号）规定的范畴，包括研究开发及其服务、技术转移服务、检验检测认证服务、创业孵化服务、知识产权服务、科技咨询服务、科技金融服务、科学技术普及服务等，并经国务院有关部委、直属机构或省（自治区、直辖市、计划单列市）有关部门认定	2017年科技部、财政部、国家税务总局解答

资料来源：https：//www.sohu.com/a/278756621_100058260.html。

五类企业的定性规定只是基础条件，4号文以及后续的多个通知文件从费用、人员和收入三个方面对各类企业能否实施激励计划进行了定量规定。在4号文中，国家认定的高新技术企业需要遵从费用和人员的规定，但2018年《关于扩大〈国有科技型企业股权和分红激励暂行办法〉实施范围等有关事项的通知》颁布后，企业无须再遵从任何定量规定，属于唯一无定量限制的企业类别。定量规定基本需提供近三年的数据，如果企业成立不足三年，则以实际经营年限计算。不足三年的企业虽可实施激励，但政策对其可用的激励方式同时进行了限定（见表1-4）。

表1-4 对五类企业能否实施激励计划的定量规定

类别	费用	人员	收入
	近3年，每年研发费用/企业营业收入>3%	激励方案指定的上一年度，研发人员/职工总数>10%	近3年，科技服务性收入/营业收入≥60%
国家认定的高新技术企业			
转制院所企业及所投资的科技企业	√	√	
高等院校和科研院所投资的科技企业	√	√	
纳入科技部“全国科技型中小企业信息库”的企业	√	√	
国家和省级认定的科技服务机构			√

资料来源：《国有科技型企业股权和分红激励暂行办法》（财资〔2016〕4号）。

（2）可激励谁：规定了三类人可激励，同时有“一个基础条件+两个不能”。

对于激励对象的资格认定，政策突出了一个基本要求即激励对象需与本企业签订劳动合同，这也就间接说明用子公司的股权激励母公司员工的方式存在一定的风险，后期科技部、财政部、国家税务总局的解答说明也验证了此推论。政策中有三类激励人员（见图1-2），主要聚焦于重要技术人员和经营管理人员。同时，政策也明确提出了“两个不

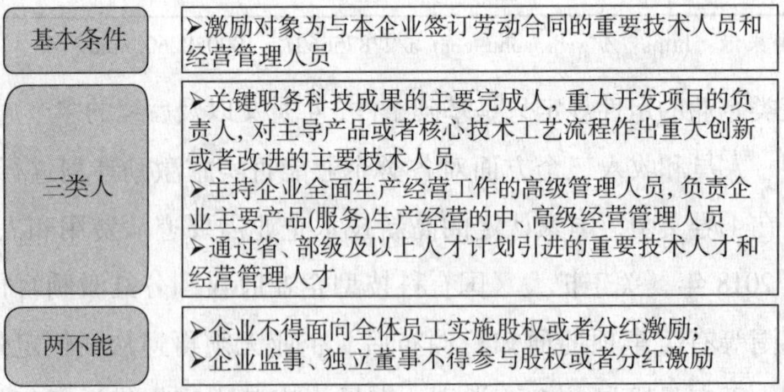

图1-2 激励对象资格认定的“一个基础条件+两个不能”

资料来源：《国有科技型企业股权和分红激励暂行办法》（财资〔2016〕4号）。

能”：企业不得面向全体员工实施股权或者分红激励；企业监事、独立董事不得参与股权或者分红激励。这里还有一点需特别说明，如某符合激励条件的员工同时兼职监事，则该员工也不得纳入激励计划。

上述两方面内容属于政策的通用规则，即所有拟参照4号文实施中长期激励的国有科技型企业需遵从的规定。企业需要从定性和定量两方面审视自身企业是否可实施激励计划，人员的选择则须特别关注基础条件和“两个不能”，不要轻易突破规定，造成不必要的改革阻力。

3. 激励方式：规定了两大类五小类激励方式供选择

国家鼓励企业建立健全科技成果转化的激励分配机制，国有科技型企业有多个中长期激励可选方式，总体来看有两大类：股权激励和分红激励，这两大类又区分出五种激励方式。股权激励分为三种：股权出售、股权奖励和股权期权，分红激励分为两种：项目收益分红和岗位分红。科技成果完成单位可以规定或者与科技人员约定奖励和报酬的方式、数额和时限。企业未规定也未与重要技术人员约定的，[①] 按照下列标准执行（见表1-5）。

表1-5　企业未规定也未与重要技术人员约定奖励的执行标准

激励方式	激励标准	限制条件
股权和项目收益分红	•将该项职务科技成果转让、许可给他人实施的，从该项科技成果转让净收入或者许可净收入中提取不低于50%的比例 •利用该项职务科技成果作价投资的，从该项科技成果形成的股份或者出资比例中提取不低于50%的比例 •将该项职务科技成果自行实施或者与他人合作实施的，应当在实施转化成功投产后连续3~5年，每年从实施该项科技成果的营业利润中提取不低于5%的比例	•大、中型企业不得采取股权期权的激励方式 •小、微型企业采取股权期权方式实施激励的，应当在激励方案中明确规定激励对象的行权价格 •单位正职领导是科技成果的主要完成人或对科技成果转化作出重要贡献的，可按有关规定获得现金奖励（原则上不得获取股权激励），并且对担任领导职务的科技人员的科技成果转化收益分配实行公开公示制度

① 宁夏回族自治区促进科技成果转化条例[J]. 宁夏回族自治区人民代表大会常务委员会公报,2018(7).

续表

激励方式	激励标准	限制条件
岗位分红	• 企业年度岗位分红激励总额不高于当年税后利润的 15% • 激励对象获得的岗位分红所得不高于其薪酬总额的 2/3	• 企业近 3 年税后利润累计形成的净资产增值额应当占企业近 3 年年初净资产总额的 10% 以上，且实施激励当年年初未分配利润为正数 • 激励对象应当在该岗位上连续工作 1 年以上，且原则上每次激励人数不超过企业在岗职工总数的 30%

此外，一些地方性政策更是放开激励标准，如北京、上海、浙江、安徽、湖南、辽宁等省市规定，科技成果转化所获收益可按 70% 及以上比例用于对科技人员奖励。

股权激励的三种方式本质上都是用企业的股权激励员工，股权出售和股权奖励两种方式的共同点是员工需出资购买股权，差别在于后者可对员工“免费”赠与部分股权，而股权期权则强调分批出资、分批购买。分红激励中，项目收益分红是基于职务科技成果的完成或转化情况依据双方约定而进行收益分红的一种激励方式，而岗位分红则是基于岗位价值和贡献从公司整体业绩中进行分配的一种收益分红方式，两种方式的覆盖范围不同。企业需要注意的是：企业针对同一个激励对象、根据同一科技成果或产业化项目，只能采取一种激励方式并给予一次激励；对已实施股权激励的激励对象，企业在 5 年内不得再对其实施股权激励（见图 1 - 3）。[①]

（1）股权激励的三种方式。

股权激励包括三种方式：股权出售、股权奖励和股权期权。三者的核心和共同点是员工出资购买公司股权，“出资”和“股权”是股权激励的关键词，相关政策正是基于通用和个性化两个维度对出资和股权两

① 杨树．国有企业开展科技人员股权和分红激励的相关政策、实践和建议[J]．中国人力资源开发，2016(10)：22 - 31.

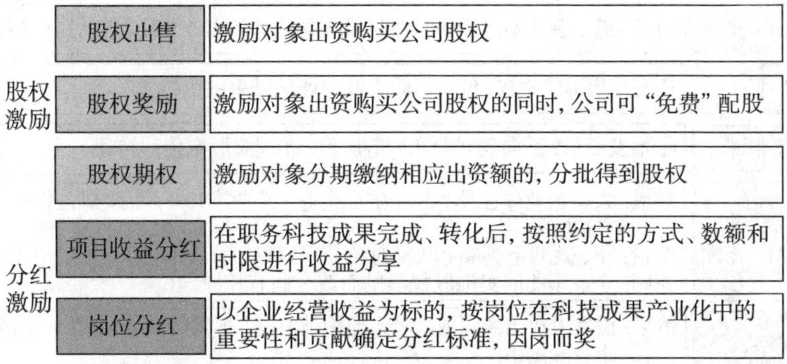

图1－3　两大类、五小类激励方式

资料来源：《国有科技型企业股权和分红激励暂行办法》（财资〔2016〕4号）。

个关键词进行详细的规定。

通用规则：关于出资，需要注意的是员工购买股权的出资价格不低于资产评估结果的价格（奖励部分无须出资），资金来源为员工自筹，企业不得为激励对象提供贷款以及其他形式的财务资助，包括提供担保等。关于股权，政策规定了股权的来源、总量、个量、持股方式以及股权退出规则。相较于《关于印发〈关于国有控股混合所有制企业开展员工持股试点的意见〉的通知》（国资发改革〔2016〕133号）中以增量为主要来源的规定，科技型企业可选的来源要更灵活；总量方面，规模越大的企业，政策对其可激励的总量控制越严格；个量方面，目前只对小、微型企业进行了限制，即个人激励股权不超过企业总股本的3%；持股方式方面，依旧是传统的直接或间接持有；退出规则方面，政策不仅规定了退出情形，还详细规定了各种退出情形对应的退出价格。总体来看，通用规则较常规，三种股权激励方式均需在此规则下进行个性化的设计（见图1－4）[①]。

个性化规则：三种方式因具体操作方式不同其政策规则也略有不同。股权出售的操作方式较传统，参考上述通用规则即可，其个性化规

① 资料来源：https://www.sohu.com/a/278756621_100058260.html。

出资	出资来源	自筹为主；企业不得提供贷款以及其他形式的财务资助，包括提供担保
	出资价格	所有需出资的股权，价格不低于资产评估结果的价格
股权	来源	①增发股份；②向现有股东回购股份；③现有股东依法转让
	总量个量	总量：大型企业≤总股本5%；中型企业≤总股本10%；小微型企业≤总股本30% 个量：小、微型企业单个激励对象获得股权≤总股本3% 原则：企业不能因实施股权激励而改变国有控股地位
	退出规则	情形：因本人提出离职或者个人原因被解聘、解除劳动合同的(A)；因公调离本企业的(B) 时间：取得的股权应当在半年内全部退回企业 价格：按其个人出资部分由企业按上一年度审计后净资产计算退还本人(A)；按照上一年度审计后净资产计算与实际出资成本孰高的原则退还本人(B) 原则：在职激励对象不得以任何理由要求企业收回激励股权

图1－4　三种股权激励方式的通用规则

资料来源：《国有科技型企业股权和分红激励暂行办法》（财资〔2016〕4号）。

则较少。相对来说，股权奖励更加具有吸引力，采用该种方式可免费赠与员工部分股权，所以政策对其适用条件加以个性化的限制。相对于前两种一次性实施完毕的发放（原则上）方式来说，股权期权是分批出资、分批获得股权，其整体的实施时间较长，同时股权期权方式还赋予了员工是否出资的选择权，因此其员工风险较低。针对其时间较长和员工风险较低的特点，政策对股权期权的时间、考核都做了个性化规定。值得注意的是，大、中型国有科技型企业可以采取股权出售、股权奖励的激励方式，但不得采取股权期权的方式（见图1－5、图1－6）。

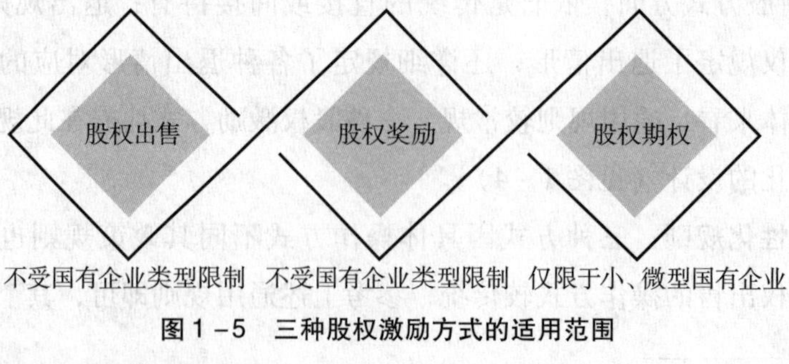

图1－5　三种股权激励方式的适用范围

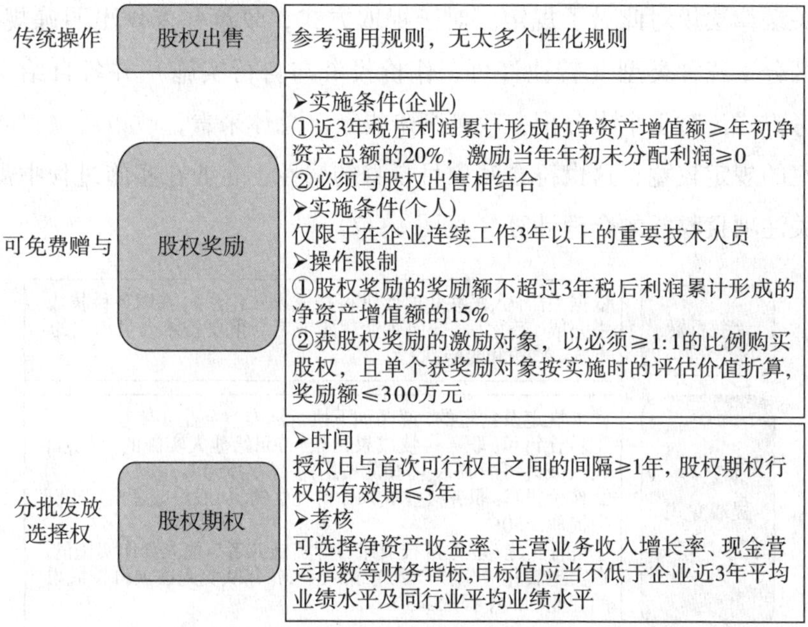

图1－6　三种股权激励方式的个性规则

资料来源：《国有科技型股权和分红激励暂行办法》（财资〔2016〕4号）。

（2）分红激励的两种方式。

分红激励不涉及企业的实际股权，这是分红激励与股权激励的不同之处；同时两者的收益方式也不同，分红激励的收益主要是从特定的收益来源中提取，并依据约定的规则进行分配，而股权激励的收益方式则是直接从利润中按股权比例进行分配。可以看出，分红激励方式的操作关键点在于如何确定特定的收益来源以及如何制定分配规则。分红激励主要分为项目收益分红和岗位分红。结合科技型企业的经营特点，收益来源为某个科技项目或成果的，采用项目收益分红；收益来源为整个企业的，采用岗位分红。两种方式操作过程中的个性化部分主要聚焦于各自分配规则的制定，分配规则一般包含考核目标、提取方式和个人分配三个方面内容，两种激励方式有各自不同的侧重点。

项目收益分红：项目收益分红考核目标即成果的完成与转化较易确定，但“目标值”即如何界定完成与转化则较难制定，政策借助其他相关法律法规对此做了规定。对于提取方式，政策并未作出明确规定，但区分了三种类型（转让许可、作价投资与自行实施）并各自给出了参考方式。对于个人分配，政策则未提及。总体来看，政策对项目收益分红的规定较宽，这也符合其项目自身的属性，企业在实施过程中需特别关注项目收益的合理计算（见图1－7）。

考核目标	依据《中华人民共和国促进科技成果转化法》，在职务科技成果完成、转化后，按照企业规定或者与重要技术人员约定的方式、数额和时限执行
提取方式	尚未规定及约定的，遵循如下执行标准：(企业可参考) ①转让许可：职务科技成果转让、许可给他人实施的，转让净收入或许可净收入(需扣除费用)中提取≥50% ②作价投资：职务科技成果作价投资的，从股份或者出资比例中提取≥50% ③自行实施：职务科技成果自行实施或者与他人合作实施的，在实施转化成果投产后连续3~5年，每年从实施该项科技成果的营业利润中提取≥5%

图1－7　项目收益分红的提取方式

资料来源：《国有科技型企业股权和分红激励暂行办法》（财资〔2016〕4号）。

岗位分红：岗位分红最大的特点是其收益来源为整个公司，因其收益的覆盖面较广，故政策首先对拟采用该方式企业的财务状况进行了量化规定。在考核目标方面，政策规定了每年设计指标的原则，并对目标值做出了原则性规定。对于提取方式，所有可用于激励的股权比例总额都受到上限限制，同时可提取的时间也有明确规定。在个人分配方面，为使方案更加合理，政策从人员总数、个人资格、个人收益额度等方面进行了规定。总体来看，其个人分配需要依据“以岗定比例，额度要合理”的原则。岗位分红的方式是很多科技型企业首选的中长期激励方式，如果想让激励更有效，除了上述的操作细节外企业还需在“以岗定比例”的同时，将岗位与人员能力之间的匹配度差异性反映到分红比例上（见图1－8）。

对于国企来说，政策的合规性是设计方案时的一个重要考量因素，而有关国有科技型企业激励的详尽政策文件打消了企业合规性的顾虑。

财务状况	①近3年税后利润累计形成的净资产增值额≥近3年年初净资产总额的10% ②实施激励当年年初未分配利润为正
考核目标	原则:每年设定业绩目标 目标:原则上各年度净利润增长率应当高于近3年平均增长水平 约束:未达到年度考核要求的,应当终止激励方案的实施,再次实施需重新申报
提取方式	提取时间:岗位分红激励方案有效期原则上不超过3年 总量把控:年度岗位分红激励总额不高于当年税后利润的15%
个人分配	原则:按照岗位在科技成果产业化中的重要性和贡献,确定不同岗位的分红标准 总人数:原则上每次激励人数≤企业在岗职工总数的30% 个人资格:激励对象应当在该岗位上连续工作1年以上 个人额度:激励对象获得的分红所得不高于其薪酬总额的2/3(离岗后不再享有) 约束:激励对象未达到年度考核要求的,按约定的条款扣减、暂缓或停止分红激励

图1-8　岗位分红的考核目标和分配

资料来源:《国有科技型企业股权和分红激励暂行办法》(财资〔2016〕4号)。

对于一个激励方案来说,还需回归激励本质,关注过程公平、分配合理。国有科技型企业虽有多种选择以及详尽的操作细节,但如何在政策允许的空间内最大化人才激励效果才是企业应该深入思考的问题。

四、国有控股混合所有制企业员工持股政策

表1-6　国有控股混合所有制企业员工持股政策汇总

序号	政策名称	发布时间	政策亮点
1	国务院国资委和财政部发布《企业国有产权向管理层转让暂行规定》(国资发产权〔2005〕78号)	2005年4月	规定"国有资产监督管理机构已经建立或政府已经明确国有资产保值增值行为主体和责任主体的地区或部门,可以探索中小型国有及国有控股企业国有产权向管理层转让(法律法规和部门规章另有规定的除外)"
2	国务院国资委下发《关于规范国有企业职工持股、投资的意见》(国资发改革〔2008〕139号)	2008年9月	规定"放开搞活国有中小企业,鼓励职工自愿投资入股"

续表

序号	政策名称	发布时间	政策亮点
3	中共中央发布《关于全面深化改革若干重大问题的决定》	2013 年 11 月	提出“允许混合所有制经济实行企业员工持股，形成资本所有者和劳动者利益共同体”①
4	中共中央、国务院发布《关于深化国有企业改革的指导意见》（中发〔2015〕22 号）	2015 年 8 月	明确提出“探索实行混合所有制企业员工持股，通过实行员工持股建立激励约束长效机制” 明确指出：对市场化选聘的职业经理人实行市场化薪酬分配机制，可以采取多种方式探索完善中长期激励机制②
5	国务院发布《关于国有企业发展混合所有制经济的意见》(国发〔2015〕54 号)	2015 年 9 月	强调实行员工持股“要按照混合所有制企业实施员工持股试点的有关工作要求组织实施”
6	国务院国资委、财政部、证监会《关于印发〈关于国有控股混合所有制企业开展员工持股试点的意见〉的通知》（国资发改革〔2016〕133 号）③	2016 年 8 月	“允许处于充分竞争行业和领域的商业类企业参与试点” 规定：国有科技型企业的股权和分红激励的规定来自《国有科技型企业股权和分红激励暂行办法》

涉及国企员工持股的政策很多，其中纲领性的文件是中共中央、国务院 2015 年出台的《关于深化国有企业改革的指导意见》(中发〔2015〕22 号)，该意见明确提出了发展混合所有制经济，并在混合所有制企业探索推行员工持股激励方式。为贯彻落实该文件精神，2016 年 8 月，《关于印发〈关于国有控股混合所有制企业开展员工持股试点的意见〉的通知》（国资发改革〔2016〕133 号）（以下简称“133 号文”）发布，对员工持股试点做了详细规定，并明确选取 10

① 余伟军,万宏,陈祺,等. 国有科技型企业股权激励机制研究[J]. 石油科技论坛，2019,38(3):6-12.

② 资料来源:中共中央、国务院《关于深化国有企业改革的指导意见》。

③ 资料来源:国务院国资委、财政部、证监会《关于印发〈关于国有控股混合所有制企业开展员工持股试点的意见〉的通知》(国资发改革〔2016〕133 号)。

家中央企业所属子企业开展首批试点。①

1. 明确混合所有制企业开展员工持股需要具备的条件

目前，国有企业实施员工持股在混改方面的政策路径主要是133号文，它明确指出混合所有制企业开展员工持股需要同时具备以下条件：

（1）行业特点：主业处于充分竞争行业和领域的商业类企业。

（2）业务来源：营业收入和利润90%以上来源于所在企业集团外部市场。

（3）股权结构：股权结构合理，非公有资本股东所持股份达到一定比例，公司董事会中有非公有资本股东推荐的董事。

（4）内部管理：公司治理结构健全，建立市场化的劳动人事分配制度和业绩考核评价体系，形成管理人员能上能下、员工能进能出、收入能增能减的市场化机制。

优先支持科技型企业（转制科研院所、高新技术企业、科技服务型企业）开展员工持股试点。②

2. 明确股权激励应保证国有股东控股地位

目前国企员工持股比例政策控制还比较严格：首先，员工持股导致的国有控股企业持股比例不得低于公司总股本的34%；其次，员工持股总量原则上不高于公司总股本的30%，企业可采取适当方式预留部分股权，用于新引进人才。另外，国有科技型企业实施员工持股，③ 还需要根据企业规模设置不同的比例上限（见图1-9）。

针对激励对象个人，同样要求比例控制，其中国有控股混合所有制企业员工个人持股比例不超过总股本的1%，国有科技型个人持股比例不超过总股本的3%。

---

① 余伟军，万宏，陈祺，等．国有科技型企业股权激励机制研究［J］．石油科技论坛，2019，38（3）：6-12.

②③ 龙文杰，洪小龙，孙军伟．国有控股混合所有制企业员工持股法律实证研究——以19家试点企业为视角［C］．上海法学研究（集刊），2019，6（6）：1-11.

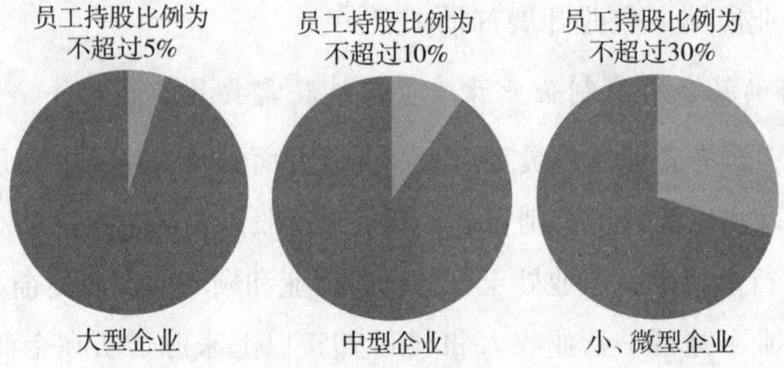

图 1-9　不同规模的国有科技型员工持股比例上限

资料来源：国务院国资委、财政部、证监会《关于印发〈关于国有控股混合所有制企业开展员工持股试点的意见〉的通知》（国资发改革〔2016〕133号）。

3. 明确激励对象员工类型

总之，所有政策的共同点就是：企业不得面向全体员工实施股权或者分红激励，就是不能全员持股；对具体可以纳入激励的人员范围和不能纳入激励的人员范围均进行了明确的规定。明确激励对象具有以下特点：签订了劳动合同且在关键岗位工作、对公司经营业绩和持续发展有直接或较大影响的科研人员、经营管理人员和业务骨干（见图1-10）。①

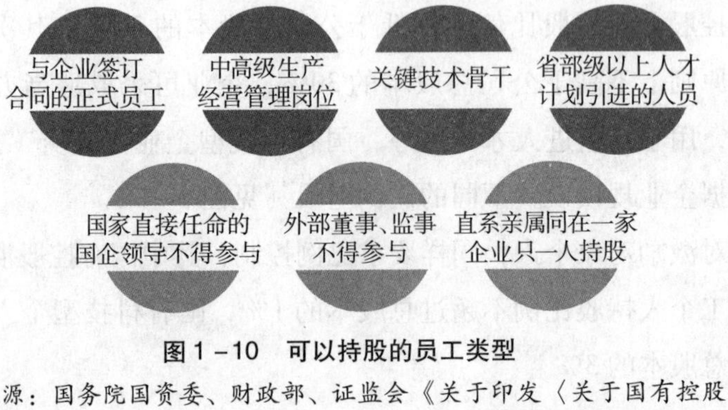

图 1-10　可以持股的员工类型

资料来源：国务院国资委、财政部、证监会《关于印发〈关于国有控股混合所有制企业开展员工持股试点的意见〉的通知》（国资发改革〔2016〕133号）。

---

① 余伟军，万宏，陈祺，等. 国有科技型企业股权激励机制研究[J]. 石油科技论坛，2019，38(3)：6-12.

4. 明确可以采用的股权模式

通常意义上股权模式有限制性股份、股份期权、虚拟股份等。目前政策层面激励模式的表述与我们通常的表述略有差异，但内涵大体相同。

国有控股混合所有制企业只能采用股权出售的形式，不能奖励员工股份，也不能使用其他的股权激励模式。国有科技型小、微企业可以尝试股权期权的模式进行激励。同时，国有科技型企业可以进行股权奖励，即可以奖励员工部分股份。但无论哪种形式，股权激励的股份来源一般采取增资扩股的形式或合资新设公司的形式。国有科技型企业可以进行虚拟股份激励（分红权）。

5. 明确股权价格确定原则和出资形式

（1）出资形式：国有企业员工入股有货币出资和科技成果出资两种形式（见图1－11）。

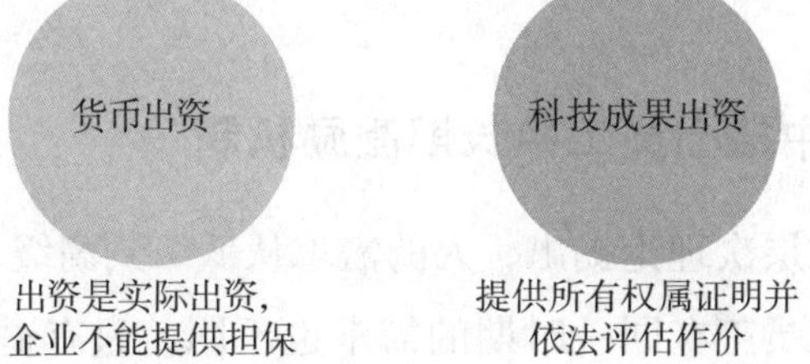

图1－11　国有企业员工入股的两种形式

（2）股权价格：不低于资产评估结果的价格（见图1－12）。

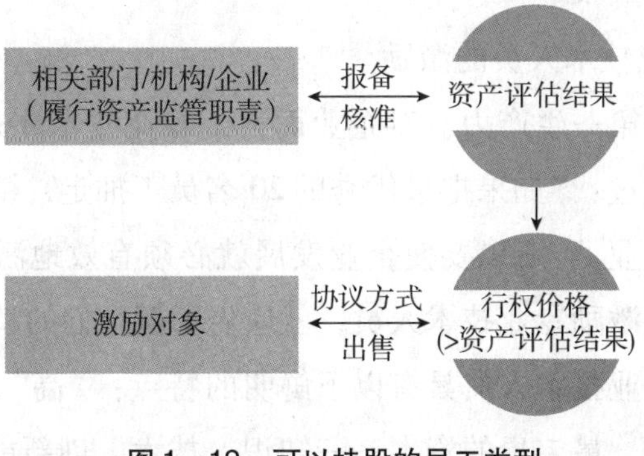

图1－12　可以持股的员工类型

（3）股权奖励：国有科技型企业可以进行股权奖励，但奖励的条件和比例以及相关要求有明确规定（见图 1－13）。

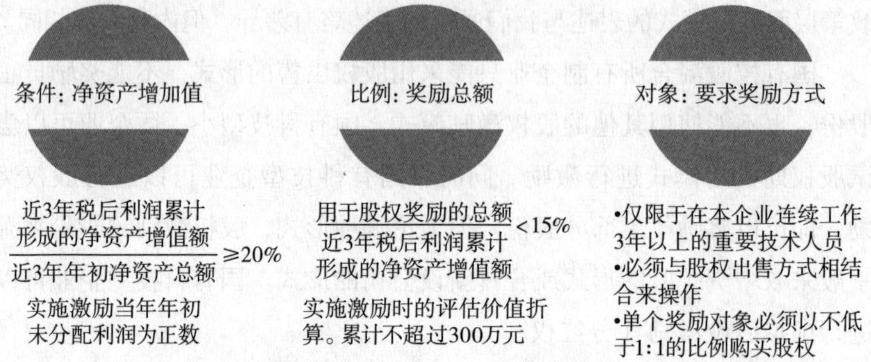

图 1－13　国有科技型企业进行股权奖励的条件和比例

第四节　中长期激励的驱动机制

一、企业中核心员工中长期激励机制

马斯洛需求层次理论提出，人的需求从低级到高级，不同时期有不同需求，且不同员工在同一时期的需求也不同，只有适合员工的需求，才能激励员工，使激励效果更好。实践中我们发现，企业的高层、中层、普通员工需求不一，只有根据不同人群的需求针对性设计激励机制才能达到良好的效果。

（1）对专业技术人员的激励。

科学技术是第一生产力。对企业而言，专业技术才是第一生产力。比尔·盖茨曾说过："如果把最优秀的 20 名员工抽走，微软公司只是一个无足轻重的企业。"所以要使企业发展就必须有效地激励专业技术人员。要想有效地激励专业技术人员，就应先了解他们的特点。与非技术型人员相比，专业技术人员具有以下鲜明的特点："高"，自身素质高，拥有企业最稀缺、最宝贵的资本——知识、技术、创新能力等；"难"，他们的工作难控制、难计量，他们的劳动过程难监控，他们的劳动成果往往是新技术、新知识、新工艺、新服务，难以估价；“大”，参与欲望大，成就欲望大，流动欲望大，并热衷于挑战性工作，比一般人更加渴望他人尊重和社会认可，而自我价值的实现是需要层次理论的最高目标，也是他们自身发展的最高追求；“强”，追求自主性，创造力强、学习能力强，希望且能够自我引导、自我管理，灵活地完成自己的工作。鉴于专业技术人员的以上特点，企业应从实际出发，灵活运用各种管理策略并不断予以调整，从而最大限度地调动员工的积极性和创造性，实现企业和员工业绩共同提升。总的来说，从个人价值体现上设计激励机制将更符合专业技术人员的需求。

（2）对中层管理者的激励。

中层管理人员处于高层管理者和基层管理者中间，是基层管理者的带头人。企业的经营理念靠他们来传递，经营计划靠他们来组织实施。他们既是执行者又是领导者，在企业各项活动中起着承上启下的作用。[①] 多数中层管理人员具有丰富的实践经验和较高的业务水平，他们拥有的管理潜质和创新意识是企业特殊的无形资产，不可替代，攸关企业发展。因此，企业要建立有效的中层管理人员激励机制，进而提高企业内部凝聚力，促进企业可持续发展。[②] 根据中层管理人员的特征和需要，个人成就感和职位晋升是中层管理者的激励重点。

（3）对高层管理者的激励。

随着以知识为基础的新经济的发展和产业的升级，企业之间的竞争日益表现为人才的竞争，这也导致了人才流动率的大幅度上升。对于一个企业来说，留住优秀的高层管理人员是保持其竞争力的重要手段；而要留住他们，最有效的手段莫过于制定一个科学的激励制度。如何激励高层管理者、充分发挥高层管理者潜能、为企业创造最大的经济价值，

① 赵俊华．国有企业中层管理者的激励问题研究[J]．科技资讯，2011，31(11)：154－156.

② 易明惠．高新技术企业知识型员工激励机制研究[D]．武汉：武汉科技大学，2010.

一直都是企业董事会十分关心的问题。根据高层管理者的特性，对其进行激励应遵循以下原则。

①绩效原则。在企业经营的过程中，股东和高层管理者各自的目标往往是不一致的，但是他们之间的利益是能够相互协调的。所以要想充分调动高层管理者的积极性，就必须将公司的经营业绩与高层管理者的激励相挂钩，使高层管理者和股东的利益紧密联系在一起。

②薪酬激励与非薪酬激励相结合的原则。薪酬激励制度无疑是激励理论中所倡导的主要激励方式，但是，企业高层管理者不仅有对金钱等物质的需求，还有对荣誉、社会认可以及实现个人价值等精神方面的需求。所以，对高层管理者进行物质激励是必要的，但只对其进行单纯的薪酬激励是不够的。当薪酬激励达到一定限度以后，其激励作用会越来越弱，而非薪酬激励的作用就会越来越强，此时，就需要将薪酬激励与非薪酬激励相结合，使激励制度发挥其最大的效果。

③长期激励与短期激励相结合的原则。高层管理者的经营决策与经营后果对企业的影响时间是较长的，如果公司只是根据短期之内的绩效来对高层管理者进行奖励，那么高层管理者为了获得自己的利益往往只注重企业短期利润的实现，而忽略了企业长期发展的战略。因此，要对两者进行科学的结合。

二、高新技术企业员工中长期激励机制

高新技术企业知识型员工一般从事知识性和创造性劳动，是企业价值迸发的重要源泉，具有较高的人力资本价值，但同时也具有较强的个人意愿和流动意愿，该特性决定了管理者应对其进行重点和全面的激励。根据马斯洛需求层次理论，该部分人员在物质需要满足时，更注重个人自我实现需要，追求个人成长和业务成就。因此高新技术企业知识型员工的激励机制主要有四方面：薪酬激励机制、工作本身激励机制、

个人成长激励机制、文化激励机制。[①]

一是薪酬激励机制。目前高新技术企业普遍采用的薪酬激励多为固定月薪加项目奖金的形式，偏重于短期激励。但由于高新技术企业本身的特性，很多投入的业绩反映需要一段孵化的时间，因此为了实现企业激励与业绩挂钩、长期保留研发人员等激励目的，应该在中长期激励上进行更多的投入。目前市场上比较适合中长期激励的高新技术企业主要有以下两种类型。

——上市公司，可选择股票期权或限制性股票。从近几年的市场实践来看，限制性股票更加适合高新技术企业。首先，限制性股票可以在授予时即与激励对象形成利益捆绑，对留住核心研发和管理人员效果优于期权。其次，在利益捆绑下，也可以充分激发核心研发和管理人员的主动工作积极性，使其研发工作更多地考虑市场转化性，避免盲目的技术投入。最后，由于高新技术企业多为高速发展的企业，限制性股票的下跌风险相对其他企业要小，而其在税负和股票抛售上的优势有利于形成更好的激励效果。

——非上市企业，可采用分红权、绩效单位和虚拟股票。从市场实践来看，企业初创时期，在企业内对股权的认识不是很透彻的情况下，一般选用分红权或利润分享的形式，将核心研发管理人员与企业利益进行捆绑来激励。但分红权和利润分享仍偏重于中短期激励，对留住人才和保证企业长久发展的效果弱于虚拟股票。虚拟股票可以很好地解决核心人才保留问题，通过购买虚拟股票，将个人利益与企业利益形成捆绑；也可以很好地解决被激励对象个人短期资金不足的问题，通过分批的资金投入先获得虚拟股票单位，达到一定程度后，虚拟股票单位可以逐步转化成股权；还可以很好地提供激励退出的方式，根据考核结果和持有的虚拟股票单位，企业可以决定以现金形式或实际股权形式兑现相

① 易明惠．高新技术企业知识型员工激励机制研究［D］．武汉：武汉科技大学，2010.

应的激励。国内以“华为”的虚拟股票计划最为成熟。

二是工作本身激励机制。随着物质生活水平的提升，人们对工作环境提出更高要求，除了工作扩大化、工作丰富化等传统激励方式，弹性工作制和自我管理式团队也备受青睐。①工作扩大化与丰富化。通过员工定期工作轮岗、开拓工作内容和范围、加深工作深度和广度、提升工作整体性和系统性等方式克服员工长期在某一岗位工作的疲倦感和厌烦感，激发员工工作积极性。[①] ②推行弹性工作制。弹性工作制指在规定的时间内能够有效完成规定任务的情况下，员工可以灵活自主地选择工作时间。由于知识型员工具有很强的自主性和创新性，传统管理模式体现的监督制度会削弱知识型员工工作的热情和积极性，员工更喜欢宽松的上班制度和融洽自由的工作环境，追求张弛有度。③“自我管理式团队”创新授权机制。知识型员工注重工作自主性，希望获得授权将若干个战略单元自由组合，匹配领导和成员以及行之有效的操作系统和管理工具，利用信息管理系统管理团队工作。该种方法对知识型员工的协作能力和知识创造能力提出了极大的挑战，满足了他们对自我价值的追求，能够起到很好的激励作用。

三是个人成长激励机制。知识型员工的特殊性使他们不仅追求物质需求的满足，更追求精神需求的满足，希望能够成就事业。受个人价值不能实现等各方面因素影响，知识型员工流动性较一般员工强。

企业可以针对员工制定个人职业生涯发展规划，指导员工协调个人事业发展和企业发展，通过帮助个人价值实现进而达成企业价值目标，为企业和个人带来“双赢”的结果。

高新技术企业知识型员工的多种特性，要求企业在开展职业生涯发展规划过程中应为核心人员提供多种晋升途径，而非单一管理序列发展通道。一般也可以同时设立技术发展序列。

---

① 易明惠．高新技术企业知识型员工激励机制研究[D]．武汉：武汉科技大学，2010.

四是文化激励机制。文化激励是企业员工价值观的集中体现，能够满足员工精神需求、激发员工工作热情、实现企业发展目标。文化激励可以使员工产生强烈的归属感，进而提升员工的忠诚度、责任感和创造力。因此，文化激励机制的建立对企业长期发展至关重要。

第二篇

实践篇

| 第二章 |

国有企业中长期激励实操分析

围绕《中共中央 国务院关于深化国有企业改革的指导意见》，国务院及有关部委陆续印发了一系列政策文件，不断激发国有企业内生动力，持续推动国有企业建立健全中长期激励机制。国有企业通过运用好中长期激励方式，深入挖掘内部潜力，企业活力得到立体化、全方位的激发。为了更清晰地展现国有企业各类中长期激励工具的主要特点，本章根据实际操作经验，初步从“确定激励目标”“明确激励条件”“设计激励方案”“实施激励方案”四个环节入手进行具体分析。

第一节　国有上市公司中长期激励模式

股票期权、股票增值权和限制性股票构成了国有控股上市公司的主要激励工具，主要政策依据包括：《国有控股上市公司（境外）实施股权激励试行办法》（国资发分配〔2006〕8 号)、《国有控股上市公司（境内）实施股权激励试行办法》（国资发分配〔2006〕175 号)、《关于严格规范国有控股上市公司（境外）实行股权激励有关事项的通知》（国资发分配〔2007〕168 号)、《关于规范国有控股上市公司实施股权激励制度有关问题的通知》（国资发分配〔2008〕171 号)、《上市公司股权激励管理办法》（中国证监会令第 126 号）以及《关于进一步做好中央企业控股上市公司股权激励工作有关事项的通知》（国资发考分规

〔2019〕102 号）等。①

一、股票期权

1. 确定激励目标环节

企业将股票期权作为激励手段来发挥作用，在不支付现金的情况下，将经营者的个人利益与企业的长期经营发展相结合，针对管理者的经营管理成果进行物质激励，进而促使经营管理者能够长期稳定为企业价值最大化而服务。②

2. 明确激励条件环节

股票期权的行权包括行权价和行权期两个要素。在行权之前，被授予股票期权激励的期权持有人没有任何收益；行权进行时，若公司股票市场价与行权价之间存在正向差价，那么持有人就可能实现差价收益；若公司在该时点的股票价格低于行权价，持有人则不可能实现差价收益。

3. 设计激励方案环节

股票来源主要包括公司的留存股票、增发新股、从市场回购部分股票。股票期权主要包括授予和行权。股票期权授予又包括获授人员范围和股权激励份额。一般获授人员仅限于公司经理层成员和核心技术人员，具体人员由董事会选择，董事会有权在有效期内任一时间以适宜的方式向其选择的雇员授予期权，期权的授予数量和行使价格一般由董事会决定。而期权是否被获授人接纳以获授人在通知单上签字为准。获授人可在期权允许的限额内，自行决定行使数量，获授人有权决定是长期拥有还是在市场上抛售以期权所认购的股票。③

---

① 周丽莎．国有企业实施中长期激励方式研究［N］．经济参考报，2018－09－03．

②③ 金巍锋．我国上市公司股票增值权实施有效性研究［D］．长沙：中南大学，2011．

4. 实施激励方案环节

该环节需要统筹安排。①方案实施务必要考虑公司实际，根据公司和行业特点，决定股票期权期限的长短、行权价的高低，合理安排受益人范围。②合理设计行权条件，设计科学合理的业绩考核指标，引入激励契约，确保股票期权制度有效实施。目前上市公司主要采用净利润和净资产两类指标，企业要综合考虑利润指标、销售指标、股价指标以及行业相对指标，创新考核理念。[①]

二、股票增值权

1. 确定激励目标环节

股票增值权计划将高层管理者利益和公司价值（股票市价）相关联，与股东利益挂钩，并保持高度一致，进而保证公司的稳定长期发展。因此，股票增值权本质上是企业所有者对经营者的一项长期激励制度。[②]

2. 明确激励条件环节

股票增值权的激励对象需要依据《公司法》《中华人民共和国证券法》《上市公司股权激励管理办法》等法律法规以及公司章程的要求确定，大部分的激励对象为公司董事、高级管理人员及其他核心人员(如核心技术或业务人员)。[③]

3. 设计激励方案环节

股票增值权计划由公司董事会的薪酬管理委员会负责管理，薪酬管理委员会成员由董事会任命，公司的独立董事参加薪酬管理委员会。该

① 丁保利,王胜海,刘西友. 股票期权激励机制在我国的发展方向探析[J]. 会计研究,2012(6):76-82.

② 刘凯. 股份公司高层管理人员的股票增值权激励[J]. 中国人力资源开发,2005(8):89-93.

③ 金巍锋. 我国上市公司股票增值权实施有效性研究[D]. 长沙:中南大学,2011.

计划适用对象包括对公司的经营和发展具有重要作用的关键人员，根据国际惯例，通常为公司高层管理人员和有特殊贡献的人才。特殊人才的资格由委员会确定，不一定与行政级别挂钩，而是要考虑公司业务发展的重要性。有效期内，股票增值权时间为三年，与董事会任期时间相等，也可以根据实际适当调整授予一次。在每期授予期内，公司可随时决定以规定的行权价将一定数量的股票增值权授予符合条件的高层管理人员和特殊人才。①

4. 实施激励方案环节

在实施过程中，注意事项如下：①授予及执行不以真实股票为对象，不会影响公司股本总额及股权结构，不存在股权稀释效应。②收益既可以一次全额兑现，也可以部分递延兑现。收益可以支付现金，也可以折合成股票，还可以是现金和股票的组合。③由于收益来源于企业税后利润，计划受益人分享了股东利益，因此该计划需要股东大会的批准。④不和真实股票发生联系，不仅适合上市公司采用，也适合非上市公司采用。上述特征使股票增值权在美国等西方国家企业里得到广泛应用。对于我国上市公司来说，规避股权激励中的股票来源问题，也是实施股票增值权的重要原因之一。②

三、限制性股票

1. 确定激励目标环节

包括以下三个方面：①基于企业经营者的收益目标同公司的战略目标相结合战略，实现个人利益与公司利益的挂钩，进而提高企业的可持续发展能力；②刺激激励对象对企业使命的认同感，进而增强企业的凝

① 刘凯．股份公司高层管理人员的股票增值权激励[J]．中国人力资源开发，2005(8)：89－93.

② 李曜，管恩华．上市公司股票增值权激励效果的实证研究[J]．商业经济与管理，2005(10)：44－51.

聚力；③增强企业人才储备，提升企业的活力和创造力。[①]

2. 明确激励条件环节

限制条件主要体现为：①获得条件和出售条件。我国相关法律法规明确规定了激励对象的业绩必须达到一定的标准才能被授予限制性股票，而标准的设定大多是围绕财务数据而制定的。②限制性股票的方案都是依照各个公司实际情况而设计的。不同公司的获得条件和出售条件不同，有的公司还规定当行权者在奖励规定的时限到期前离开公司，公司将会收回这些奖励股份。[②]

限制性股票适用于两种情况：①业绩不好的上市企业。由于限制性股票授予价格较低，激励对象收益来源为股价与授予价之间的差异。对于业绩不良的企业，激励对象可以通过自身努力改善企业业绩状况。②处于调整期的上市企业或处于初创期的非上市企业。处于该阶段的企业需要若干与企业长远发展相匹配的人才，共同实现企业长期发展战略。限制性股票作为一种长期激励措施，其限制条件将激励对象的利益与企业长远利益相结合，进而满足企业长远发展。[③]

3. 设计激励方案环节

该计划的实施需要事先确定激励方案的可行性，确定能否有利于提高企业绩效和企业凝聚力、是否有利于体现报酬公平。限制性股票数量的确定要综合考虑激励对象的服务年限、职务重要性、职务高低和个人业绩成就等多种因素。要使该方案尽可能实现其激励作用，杜绝因职务而“搭便车”获利，从而增强企业的活力和竞争力。

限制性股票激励需要储备一定数量的股票，企业可根据自身实际情况灵活选择。根据中国证监会发布的《上市公司股权激励管理办法

① 何仁柯．限制性股票激励的方案设计及实施效果分析——以光明乳业为例[D]．杭州：浙江工商大学，2014.

② 金巍锋．我国上市公司股票增值权实施有效性研究[D]．长沙：中南大学，2011.

③ 李娇．高科技企业科技人才股权激励研究[D]．太原：太原理工大学，2016.

(试行)》的规定，对于已经完成股改的我国上市公司，可以通过回购本公司股票的方法获得施行股权激励所需的股票。根据《公司法》的规定，公司一般不得收购本公司股份，但有下列条件之一的可以除外：①公司为了减少其注册资本。②和持有本公司股份的其他公司合并。③将股份回购以奖励本公司员工。④当股东对股东大会做出的关于公司合并、分立等决议持有异议的时候，要求公司收购其股份。因此，无论是证监会的要求，还是《公司法》的规定，上市公司都可以通过回购本公司股份用于员工的激励。①

4. 实施激励方案环节

需要注意以下事项：①限制性股票涉及真正的股票，只要限制期满，激励对象便可以获得股票，并获得公司财产部分所有权。②限制性股票风险较低，若股价下降，仍然可以获取收益。正是该特点，使得激励对象与股东利益不完全一致，某时期可能激励对象获取收益，但股东遭受损失。③只有在达到规定的限制性期限时，激励对象才会被授予一定的股票，如果在限制性期限内离开公司，获赠股票将被没收，该方式可以控制经营者的短期行为，有利于公司可持续发展。

授予期指公司将股权激励计划中规定的限制性股票实际给予激励对象的具体日期。一般情况下，具体的授予时期根据公司的实际情况而定。目前，为了避免公司内部人员利用信息不对称来操纵股票价格，谋取不当利益，《上市公司股权激励管理办法（试行)》中做了具体规定：限制性股票的授予价格与激励对象获取一定数量限制性股票时所需支付价格一致。考虑到授予价格与激励对象未来收益密切相关，故必须认真谨慎。价格太高和太低都不妥当：价格太高从某种程序上弱化了激励效果；价格太低会导致激励对象将重心放在如何解锁获利上，不利于激励

① 何仁柯．限制性股票激励的方案设计及实施效果分析——以光明乳业为例[D]．杭州：浙江工商大学,2014.

对象发挥其积极性，也不利于提高企业业绩。《股权激励有关事项备忘录》中规定，对于向激励对象采用定向增发手段获得的股票，其授予价格不得低于定价基准日前20个交易日公司股票均价的90%，对于从二级市场上购进的股票，其授予价格主要参照规定中对定向增发股票的定价方式。[①]

第二节 国有非上市公司中长期激励现金模式

国有非上市公司的激励方式从实施主体上进行分类，可以分为国有科技型企业和国有控股混合所有制企业，国有科技型企业激励对象侧重于企业核心科研人员、重要技术人员和经营管理骨干等，国有控股混合所有制企业激励对象包括关键岗位或有较大影响的科研人员、经营管理人员和业务骨干；从支付方式上分类，分为现金型和股权型，其中现金型激励以超额利润奖励、虚拟股权、岗位分红激励、项目分红激励为主，岗位分红激励和项目分红激励等属于工资总额单列项，超额利润奖励和虚拟股权属于工资总额管理。股权型激励主要包括股权奖励、股权期权、股权认购、股权跟投等。

一、项目分红

1. 确定激励目标环节

①项目收益分红是中长期激励的一种，与其他激励方式相比，其作用短期即可显现。该方式以项目为实施主体，用于激励项目关键人员，科研项目收益分红是“以科技成果转化收益为标的，采取的项目收益分红方式”。②在激励对象方面具有较强针对性。项目的增量收益会使

① 何仁柯．限制性股票激励的方案设计及实施效果分析——以光明乳业为例[D]．杭州：浙江工商大学，2014.

国有资产流失风险较小。由于科技成果是企业内部共享的科研产出，净收入计算方式的争议较大，因此分配比例不易确定，实施难度较大。此外，部分项目收益兑现需要的周期可能较长，不确定性明显，激励方案设计基础较为薄弱的企业不适合。

2. 明确激励条件环节

以下企业类型可以实施项目收益分红激励：①中国境内注册，具有法人资格的公司，中央企业及所属控股（含实际控股）未上市科技企业；②国家认定的高新技术企业；③转制院所企业；④中央企业所属高等院校和科研院所投资的科技企业；⑤国家和省级认定的科技服务机构。①

原则上企业需要成立满 3 年；国家和省级认定的科技服务机构，近 3 年科技服务性收入不低于当年企业营业收入的 60%。科技成果转让、许可给他人实施的，从该项科技成果转让净收入或者许可净收入中提取不低于 50% 的比例，项目自行实施或者与他人合作实施的，应当在实施转化成功投产后连续 3～5 年，每年从实施该项科技成果的营业利润中提取不低于 5% 的比例。② 因此，要在职务科技成果完成、转化后，与完成人员达成约定，合理确定激励额度，计入本企业工资总额，实行单列管理，集团公司层面由国务院国资委审批，集团公司下属单位由集团审批。

3. 设计激励方案环节

在设计方案环节，需要注意以下事项：①科研项目主要完成人、核心技术人员、骨干技术人员、科研成果转化过程中的主要经营管理人员及推广转化人员构成了科研项目收益激励对象；②国家、公司总部和下属企事业单位科研项目是激励的来源，具体表现为专利技术、技术秘密

①② 资料来源：关于印发《国有科技型企业股权和分红激励暂行办法》的通知（财资〔2016〕4 号）。

和新产品；③科技成果转化应符合公司关于科技成果转化的相关规定，符合集团战略方向，重点优先发展的技术领域优先支持；④已获得相关奖励和激励的激励对象和科技成果，不再给予重复奖励。

企业制订科研项目收益分红方案需要结合激励额度、激励人数、薪酬水平、市场对标等因素，根据激励对象在职务成果完成和转化过程中的贡献程度以及绩效考核结果确定项目收益的提取比例。目前，各家央企规定的分配比例有所不同，一般在50%～80%范围内。科研项目收益分红激励是基于科研成果转化的净收益产生的，而测算过程中受技术服务和技术咨询净收益影响较大，一些央企甚至聘请专门的审计机构对科研项目的净收益进行评定。很多企业是按照实际经验测算方法确定净收益的，有的企业利用营业利润概念测算，有的企业按照科技成果转化实际到账财务收入的一定比例分段计算。①

4. 实施激励方案环节

集团公司科技管理部门联合人事、财务、法务及审计等部门共同操作和制定相关管理制度。①科技管理部门负责科研项目分红激励工作，具体内容为收集和审查申报材料、组织专家评审、公示及异议处理等；②人事部门依据激励额度负责核增所属单位工资总额；③财务部门负责规范项目支出的核算、审核科技成果转化收益；④法律法规部门负责审核相关制度是否符合国家和地方法规、公司其他制度要求；⑤审计部门负责审核奖金发放和相关监督检查等。

各企事业单位负责组织本单位的奖励申报、材料准备、审核和提交工作等。在确定分红奖金数额后，集团公司需要向国务院国资委汇报，获得批准后进行奖金分配。分红奖金是从集团工资总额中分出一部分，在单位工资总额以外进行奖励，不受当年本单位工资总额限制、不纳入

① 袁磊，陈伟，司云波，等．央企科研项目收益分红激励现状分析与建议[J]．石油科技论坛，2018(5)：14－19.

本单位工资总额基数，也不作为员工的教育经费、工会经费、社会保险费、补充养老及补充医疗保险费、住房公积金等的计提依据。①

二、岗位分红

1. 确定激励目标环节

岗位分红作为中长期激励的一种，以企业经营收益为标的。分红与效益挂钩，操作简单，适用范围广，且无论有无可用于转化的科技成果均可采用。激励使用增量收益，国有资产流失风险较小。但是在具体实施过程中，最终受到激励的对象通常是上层的一部分员工，不适合普惠制激励需求的企业，且激励的额度受到限制，激励效果有限。②

2. 明确激励条件环节

实施岗位分红的单位需满足以下条件：①中国境内具有公司法人资格的国有及国有控股未上市科技公司；②近 3 年研发费用占当年公司营业收入均在 3% 以上；③上一年度公司研发人员占职工总数 10% 以上；④近 3 年税后利润累计形成的净资产增值额应当占公司近 3 年年初净资产总额的 10% 以上，且实施激励当年年初未分配利润为正数；⑤公司成立满 3 年；⑥激励对象个人岗位分红激励所得不得高于其薪酬总额的 2/3；⑦激励对象业绩考核未达标的，取消其岗位分红激励资格。③

3. 设计激励方案环节

在设计方案环节，需注意以下事项：①在岗位分红激励总体方案设计过程中，依据业务分类及岗位设置，选取技术研发岗、技术推广与服务岗和关键经营管理岗作为激励岗位。②激励对象大多数选择一线科研

---

① 袁磊，陈伟，司云波，等．央企科研项目收益分红激励现状分析与建议[J]．石油科技论坛，2018(5)：14－19.

② 资料来源：经济观察网，http://www.eeo.com.cn/2019/0615/358730.shtml。

③ 魏焕．DLJ 公司实行科技人员岗位分红激励制度初探[J]．人力资源管理，2018(1)：12－15.

人员、重大科技成果主要完成人、重大研发项目核心骨干人员、对核心技术或主导产品等做出重大创新或改进的主要技术人员、在技术服务和试验检测等方面做出突出贡献的技术人员等。[①] ③净利润及净利润增加额作为岗位分红激励总额的计提基数，实现公司价值创造与激励对象的利益共享。公式为：激励总额 = 净利润 × X + 净利润增加值 × Y，其中：X 为从年度净利润中的计提比例；Y 为从年度净利润增加值中的计提比例，X 与 Y 的设置也需要企业综合考虑。

具体的方案设计需按照两步实施：一是企业业绩考核达标前，企业根据激励对象所在团队的年度绩效考核结果确定团队的绩效考核系数，团队绩效考核系数 = 绩效考核得分 ÷ 100，再确定团队分配额度；二是岗位职责能够直接反映某岗位在企业价值中的贡献程度，决定其等级系数，岗位职责越大系数越高。因此，企业需要综合考虑岗位职责、职位等级和绩效考核结果，确定岗位分红分配系数，结合团队绩效考核系数来后确定个人分配额度。[②]

4. 实施激励方案环节

首先要打破企业内部现有的激励分配制度，重新设计激励分配的层次与格局，合理选取分红岗位与分红对象。此部分是最为关键的环节。操作流程与企业绩效管理体系设计流程类似，通常情况下选取年度目标责任制作为岗位分红的实施手段，通过目标管理实现对科技人员和技术人员的有效激励。因此，岗位目标责任制的实施是岗位分红激励措施的具体表现形式，企业应健全岗位职责，根据岗位职责、团队年度目标任务及部门重点工作，逐层分解为分红激励对象的岗位目标责任，遵循目标管理的管理方法保障企业整体目标任务的完成。[③]

---

① 资料来源：关于印发《国有科技型企业股权和分红激励暂行办法》的通知（财资〔2016〕4号）。

② 魏焕．DLJ公司实行科技人员岗位分红激励制度初探[J]．人力资源管理，2018(1)：12－15.

③ 资料来源：经济观察网，http://www.eeo.com.cn/2019/0615/358730.shtml。

三、超额利润分享

1. 确定激励目标环节

该环节基于业绩指标和中长期利润的提取达成分配共识，形成团队激励。超额利润分享容易在团队内部达成共识，与一般的年度分红计划不同，该计划建立了一个中长期的利润奖金蓄水池，每年根据净利润完成情况进行激励，奖金池可增可减，从某种程度上体现了企业与项目团队成员风险共担、利益共享的分配理念。该方式适用于综合性集团公司。综合性集团公司由于产品线和业务板块划分清晰、各板块分配系数设计相对简单、市场相对稳定、团队专业化水平较高，因此更适合利用超额利润分享计划。另外，对于无利润或利润较低的公司，一般不适用超额利润分享计划。

2. 明确激励条件环节

首先，基础条件就是本年度利润为正，并且年度实际完成净利润大于年初设计的利润目标值；其次，若企业年度净利润增长率小于标杆企业净利润增长率，则当年度利润计提取消，以体现公司的业绩增长速度要对标一流的竞争理念，同时，个人最终激励额度要与个人业绩考核结果严格挂钩，一般要求以3年为一个周期进行核算和发放，其中，个人收益＝3年累计净利润计提额/企业发放总额度×个人授予额度×个人业绩调节系数。①

3. 设计激励方案环节

超额利润分享一般也是采取普惠制的分配方式，不同的业务板块及相关的关键岗位人员都可以参与。每年年初公司设定净利润目标值、挑战值（一般为目标值×120%）和封顶值（一般为目标值×200%），年

① 李丽，傅飞强．基于现金计划的长期激励模式设计[J]．中国人力资源开发，2014(2):63－69.

底根据实际完成情况，对超出目标值部分的净利润按不同比例进行计提，放入利润分享奖金池。一般以3年为一周期，核算累计可分享的净利润总额与个人分享额度。在年度净利润目标值的基础上，进一步设定挑战利润（目标利润×120%）、封顶利润（目标利润×200%），在目标利润和挑战利润范围内，一般按照分享系数10%进行分配，在挑战利润和封顶利润范围内，按照分享系数15%进行分配，超过封顶利润的净利润不再计提分享。另外，若当年度净利润未能达到目标利润值，则在奖金池中倒扣未完成净利润部分的一定比例，该种方式体现了激励与约束并存原则。①

4. 实施激励方案环节

超额利润分享计划一般由集团层面操作，设定利润目标值、挑战值、封顶值以及各个分配系数，并对成员单位的各个业务板块进行统一管理。该计划对利润分配和业绩条件进行更为严格的限定，计划期初各业务板块共享超额利润奖金池，计划期末根据各业务板块对集团的利润贡献水平进行二次分配。同时，对受外部市场的诸多因素影响，尤其是有可能出现的非经营原因造成的年度净利润的大幅波动，该方案也通过设置年度利润计提的封顶值或倒扣的保底值，来缓解市场风险。②

四、虚拟股权

1. 确定激励目标环节

虽然国有非上市公司不能发行股票，但是可以在公司内部发行自身虚拟股权。员工通过出资增加企业实收资本的方式购买股权，然后公司根据条件对符合股权激励的员工进行奖励，激励员工再拿出一部分资金购买虚拟股权。受激励员工可以凭虚拟股份领取一部分公司盈利分红，

① 李丽，傅飞强．基于现金计划的长期激励模式设计[J]．中国人力资源开发，2014(2)：63－69.

② 资料来源：经济观察网，http://www.eeo.com.cn/2019/0615/358730.shtml。

增加自身绩效收益。操作时先要通过企业价值评估，对公司价值增加部分进行激励，以此实现企业上市和推动业绩增长的双重作用。与其他方案相比，该方案设计和操作都较为复杂，一般适用于有计划上市的国有企业，无上市规划的企业不建议使用。①

2. 明确激励条件环节

该激励方式应结合国务院国资委相关政策和企业自身发展实际需要，授予条件门槛设置不要过高，行权兑现门槛可以适当严格。根据国务院国资委发布的监管规定，国有企业实施股权激励，需要在授予和生效两个环节满足绩效要求：①授予环节。与自身纵向比较不得低于公司近3年平均业绩水平。与同行业比较，不得低于同行业或对标企业平均业绩水平。②生效环节。业绩水平在纵向比较授予时的基础上有所提高。与同行业相比，不得低于公司同行业平均业绩水平。激励计划的有效周期一般是5年，虚拟股权是模拟公司真实股票的中长期激励工具，其本身没有分红权和转让权，不能出售与转让。②

3. 设计激励方案环节

此种方案的激励对象包括对企业发展目标的实现和经营的成败有重要影响的关键员工，具体包括企业高级管理人员、核心技术骨干等。激励来源是企业中长期收益，以职级、岗位重要性和贡献度为基础在团队内部进行分配，相邻层级中下一层级激励水平为上一层级的50%~80%。对公司价值进行估值是该激励方案设计的重点和难点，包括绝对估值法和相对估值法，③ 这需要根据公司的业务特点、行业性质、企业发展阶段综合考虑。一般公式为：个人核算收益 =（公司期末价值(权益部分) - 期初公司价值)/虚拟总股数 × 个人授予虚拟股数，④ 公司的期初价值，由第三方资产评估机构进行评估。

---

①② 资料来源：经济观察网，http://www.eeo.com.cn/2019/0615/358730.shtml。

③④ 李丽，傅飞强．基于现金计划的长期激励模式设计[J]．中国人力资源开发，2014(2)：63－69.

4. 实施激励方案环节

首先，签订激励协议。在公司与参与激励的团队签订年度绩效协议的同时，确定该激励方案各项业绩考核指标；企业人力资源部与受激励人员签订个人绩效协议。必要时就关键技术及市场内容同时签订保密协议。其次，需要进行年度业绩考核。具体由公司人力、规划、财务等部门操作，每年年底与集团内部同行业平均水平进行年度业绩考核对标。最后，业绩确认与虚拟股权授予。第二年公司审计部门会对上年集团内部同行业的经营业绩进行审计，审查无误后，确定激励额度。一般方案运营前，需要设置试运行期，严格获取方案实施的意见建议，并收集和反馈，根据实际情况及时修订相关条款内容；在方案的试运营期间，需要方案参与单位和部门，比如规划、运营考核、薪酬发放、财务等部门保持积极沟通，密切跟踪产业发展，对产业及公司经营中发生的重大变化及对激励方案可能需要做出的变化和调整有及时客观的判断，特定情形下可以申请公司经营班子对方案进行修改和调整。①

第三节　国有非上市公司中长期激励股权模式

股权是一种基于资本投资而产生的资本所有权，股东只要有资本投资，就会产生一定的对企业的决策权力，差异在于决策影响力及参与程度。公司管理来源于股权或基于股权的授权，公司战略决策同样来源于股东所持股权，但同时又影响公司的未来方向与经营规模。股权激励是通过让企业骨干员工在一定期限内获取企业股权（出资额、持有股份、股票或股票期权等），给予持股员工一定的经济权利，使员工能够以企业股东的身份参与企业战略事项制定、分享经营利润以及承担可能出现

① 王隆军．众达公司新产业事业部高管团队虚拟股权激励方案设计［D］．长沙：湖南大学，2018.

的经营风险，从而全心全意地为公司的长期良性发展贡献力量。当代国内外企业经营实践证明，股权激励机制对于改善企业内部治理结构、降低经营成本、提高经营管理效率、增强企业凝聚力和市场竞争力起到相当重要的作用。针对未上市公司股权激励，目前并没有专门的法律对其进行立法明确，仅是在《公司法》第一百四十三条中规定，经股东大会决议，股份有限公司可以收购本公司股份用于奖励给本公司职工，但不得超过公司已发行股份总额的5%，且用于收购的资金应当从公司的税后利润中进行列支，所收购的股份应当在一年内转让给职工。[①] 中国证监会目前对公众公司拟上市前设置的股权激励方案的基本态度：出于对标的公司股权合规性等因素的考虑，要求企业上市前需确定的股权激励方案必须执行完结后才能上市，或终止该计划后再上市（尤其是要求上市主体权责清晰、控股股东以及被控股股东及实际控制人支配的股东持有的股份不存在重大权益及归属纠纷）。针对上市公司股权激励，国务院国资委、证监会等有关部门已经出台多部文件予以规范，国有控股上市公司的股权激励要受到《国有控股上市公司（境内）实施股权激励试行办法》及《关于规范国有控股上市公司实施股权激励制度有关问题的通知》等政策的约束。[②]

对于国有非上市公司而言，不同层次管理者的利益划分是有明显区别的。一般情况下，高层管理人员更重视公司的长远发展，而中层及以下的员工更注重短期收益，但是在施行了股权激励制度以后，企业的利益与中层管理者或骨干员工的利益紧密相关，这将激励他们更好地发挥工作的积极性和创造性，进而为公司的健康可持续发展贡献力量，有利于企业留住优秀的管理人员和核心技术人员。若仅仅利用现金型激励模式，国有非上市公司继续以净利润等短期指标作为考核对照目标，发放

---

① 王敏．探讨股份回购制度的法律问题及完善[J]．法制与经济(中旬刊)，2010(10)：99－102.

② 佘伟军，万宏，陈祺，等．国有科技型企业股权激励机制研究[J]．石油科技论坛，2019，38(3)：6－12.

年度奖金，虽然也可以提升员工工作的积极性，但是不利于公司的长远发展。施行股权激励制度后，股权持有者的收益与公司长期收益息息相关，两者正比例发展，公司获取利润越多、发展前景越广阔，员工获得的收益越稳定。因此，企业长远发展成为股权激励持股者关注的重要问题。伴随新一轮国资国企改革的兴起，增强国有企业核心竞争力被提到了前所未有的高度，对非上市国有企业施行股权激励将是促进提升国企的市场竞争力和推动体制机制改革的有效手段之一。[①] 非上市公司实施中长期激励，鉴于其股权流通市场的局限性，尚无法通过传统二级市场消化股权激励的成本，亦无法通过市场化方式确定单位股权对应价格，因而，无法采用传统的期权、期股等常用的股权激励工具。目前，非上市公司能使用的激励方案主要有股权奖励、股权认购、股权期权、项目跟投等。

一、股权奖励

1. 确定激励目标环节

股权奖励的含义是企业无偿授予激励对象一定份额的股权或一定数量的股份。具体表现为两种方式：①可持续性经营较好的企业从企业净资产增值部分提取一定比例奖励给予关键的技术人员和经营管理人员；②高等院校和科研院所经批准以科技成果向企业作价入股，可以按科技成果评估作价金额的一定比例折算为股权奖励给有关技术人员。该做法的主要目的是促进科技成果转化，有效激励科技人员，调动员工积极性，实现企业与员工利益共享。正常情况下，股权奖励模式与股权出售模式共同使用，员工仅需花较少的钱购买企业股权。由于得到股权所出的股本金较少，人才可持续性增强。[②]

---

① 张慧．国有非上市公司股权激励策略探析[J]．当代会计，2015(6)：32－34.

② 资料来源：经济观察网，http://www.eeo.com.cn/2019/0615/358730.shtml。

2. 明确激励条件环节

股权奖励主要条件还是参照国务院国资委针对国有科技型企业股权激励的要求，企业近3年税后利润形成的净资产增值额应当占企业近3年年初净资产总额的20%以上，且实施激励当年年初未分配利润没有赤字。对于转制院所企业、国家认定的高新技术企业、高等院校和科研院所投资的科技企业近3年研发费用占当年企业营业收入均在3%以上，激励方案制定的上一年度企业研发人员占职工总数10%以上的，用于股权奖励的激励额不超过近3年税后利润累计形成的净资产增值额的15%，企业实施股权奖励，必须与股权出售相结合。大型企业股权激励总额不超过企业总股本的5%；中型企业的股权激励总额不超过企业总股本的10%；小、微型企业的股权激励总额不超过企业总股本的30%，且单个激励对象获得的激励股权不得超过企业总股本的3%。①

3. 设计激励方案环节

在企业连续工作3年以上，并与企业签订劳动合同的重要技术人员和经营管理人员可以作为激励的对象。激励来源具体表现为：向激励对象增发股份、向现有股东回购股份、现有股东依法向激励对象转让其持有的股权。企业激励方式应视具体情况而定，针对同一激励对象同一科技成果或者产业化项目，只采取一种激励方式并给予一次激励，激励股权不计入工资总额管理。《中华人民共和国促进科技成果转化法》规定，科技成果完成单位以职务科技成果作价投资并以股份或出资比例体现的，应从中提取一定的法定比例，作为对职务科技成果完成者的奖励。② 上海市《张江国家自主创新示范区企业股权和分红激励试行办法》规定，奖励比例为20%～30%，同时，不超过50%的范围。2016年上海市修订的《张江国家自主创新示范区企业股权和分红激励办法》

①② 资料来源：财政部、科技部、国务院国资委关于印发《国有科技型企业股权和分红激励暂行办法》的通知。

规定的激励幅度为不低于50%。《上海市促进科技成果转化条例》则将这一幅度提高至不低于70%。《中关村国家自主创新示范区企业股权和分红激励实施办法》规定，高等院校和科研院所经批准，按科技成果评估作价金额的20%～30%折算为股权奖励给有关技术人员的，由接受科技成果出资的企业，从高校和院所获得的股权中划出相应份额予以兑现。① 因此，不同地区或者不同类型的企业需按照相关规定进行股权奖励。

4. 实施激励方案环节

依托国务院国资委实施股权奖励要做到事前沟通、事中控制、事后备案，同时，需经过一系列的报批和产权交易中心鉴证下的协议转让手续，按照评估备案的资产净值折合成股权，增加公司注册资本。奖励部分由公司净资产项中的未分配利润转增资本，个人所得税由受奖励人员承担。根据《财政部 国家税务总局关于中关村、东湖、张江国家自主创新示范区和合芜蚌自主创新综合试验区有关股权奖励个人所得税试点政策的通知》，受奖励人的个人所得税可以申请在五年内缴纳，也就是说五年内每次取得股权转让收益后按财产转让所得20%的税率缴纳，在五年缓征期满时，须缴清个人所得税。《国家税务总局关于促进科技成果转化有关个人所得税问题的通知》规定，科研机构、高等学校转化职务科技成果以股份或出资比例等股权形式给予科技人员个人奖励，经主管税务机关审核后，获奖的机构或人员应在获奖后30日内，主动向税务部门报备相关资料，否则将不得享受这一优惠政策。②

① 隽鸿．解读《中关村国家自主创新示范区企业股权和分红激励实施办法》[J]．华东科技，2011(5):16－17.

② 资料来源:经济观察网,http://www.eeo.com.cn/2019/0615/358730.shtml。

二、股权认购

1. 确定激励目标环节

股权认购模式主要有两种：①科技型企业的股权认购模式主要为股权出售，企业按不低于股权评估价值的价格签订协议，将企业股权有偿出售给激励对象。该方式可以将被激励员工与企业捆绑，利益共存，以期实现更好的激励效果。股权收益较期权而言短期内能够兑现收益，但是，使用股权出售方式有一定风险，且对于历史积累的无形资产过大的企业，员工购买股权所需要的出资额可能很大。②混合所有制企业的股权认购模式为员工持股，以增资扩股、出资新设方式开展员工持股，与上种方式相比，该方式中员工持股的政策体系更加完善、实践探索更加成熟、激励工具更加充裕。[①]

2. 明确激励条件环节

股权出售的条件、方案及实施路径一般与股权奖励相适应，本节主要针对股权认购模式中的员工持股进行分析。①原则上员工持股总量不高于公司总股本的30%。②原则上单一员工持股比例不高于公司总股本的1%。③员工持股可保证国有股东成为最大股东，并且持股比例不得低于公司总股本的34%。[②] ④中央二级（含）以上企业原则上暂不开展员工持股试点；开展试点的企业，主要处于充分竞争行业；营业收入和利润90%以上来源于所在企业集团外部市场。党中央、国务院和地方党委、政府及其部门、机构任命的国有企业领导人员不得持股。外部董事、监事（含职工代表监事）不参与员工持股。员工入股应主要以货币出资，并按约定及时足额缴纳。以科技成果出资入股的，应提供所有权属证明并依法评估作价，及时办理财产权转移手续。[③]

---

① 资料来源：经济观察网，http://www.eeo.com.cn/2019/0615/358730.shtml。

②③ 苏宇吉，丁浩．国有企业如何开展员工持股[C]．上海法学研究（集刊），2019(5)：284－288.

3. 设计激励方案环节

一般选取在关键岗位工作并对公司经营业绩和持续发展有直接或较大影响的科研人员、经营管理人员和业务骨干为激励对象。出资方式为员工以货币出资，按照约定期限及时足额缴纳，也可以科技成果出资入股，提供所有权属证明并依法评估作价，及时办理财产权转移手续。员工所持股权一般应通过持股人会议等形式选出代表或设立相应机构进行管理，股东应就员工股权的日常管理、动态调整和退出等问题协商一致，按照公司章程或股东协议给予明确规定，在公司公开发行股份前已持股的员工，不得在公司首次公开发行时转让股份，并应承诺自上市之日起不少于36个月的锁定期，在锁定期内，个人出现异动情形需要退出的，应在12个月内将所持股份进行内部转让，员工持股企业应处理好股东短期收益与公司中长期发展的关系，合理确定利润分配方案和分红率。[①]

4. 实施激励方案环节

①方案设计完成后，开展审计评估工作，依规备案核准，财务审计和资产评估应由主管部门委托具备资质的中介机构承担，审核结果内部公示公开，经主管部门审核，再报财政部门批复。②员工持股方案应通过职工代表大会等形式充分听取本企业职工对员工持股方案的意见，并将持股员工范围、持股比例、入股价格、股权流转、中介机构以及审计评估等重要信息充分披露，切实保障各方的知情权和监督权。③混合所有制企业需要聘请律师事务所对员工持股出具法律意见书。企业法务部门应当对法律意见书进行审核。企业应按照国务院国资委《关于建立国有企业改革重大事项社会稳定风险评估机制的指导意见》等文件规定，开展风险评估，制定工作预案并按规定报备。员工持股方案应通过

① 龙文杰，洪小龙，孙军伟．国有控股混合所有制企业员工持股法律实证研究——以19家试点企业为视角[C]．上海法学研究（集刊），2019，6(6)：1－11.

职工代表大会等形式充分听取本企业职工意见，并由董事会提交股东会进行审议，审议通过后，报履行出资人职责的机构备案。员工持股计划获批后，属于激励对象的员工应按照增资协议的规定，向公司履行其出资义务。公司收到员工出资后，需要按规定聘请相关会计师事务所对员工的出资进行审验，并出具验资报告。在完成前述工作后，公司应及时向相关行政主管部门办理产权和工商变更登记。①

三、股权期权

1. 确定激励目标环节

股权期权是国有非上市公司进行股权激励的另一种方式。该方式适用范围有限，不适合大中型企业，而适合成立初期尚未有足够资金存量的小微企业。该激励方式的收益在未来某时间可以兑现，因而存在一定的不确定性。利用股权期权刺激中小企业中长期稳定快速发展，已成为现代公司治理中应用最为广泛的股权激励形式，受到越来越多公司的青睐。然而受现实问题影响，公司股权期权激励制度还存在较多的法律风险，对于这些风险需要更多的相关法律法规予以规避。②

2. 明确激励条件环节

与股权奖励、股权认购等模式的激励条件类似。

3. 设计激励方案环节

一段时间内激励对象可以根据当期每股净资产价格收购本公司一部分的股份。到了一定时期如果每股净资产上涨，那么激励对象出售股份给公司，获得一定的差价；若此期间每股净资产贬值，损失和风险要由自身承担。若激励对象离开公司，要把出售的股票按照当初卖出的价格收回。亏损或盈利在持股期间与公司的盈利紧紧捆绑在一起，达到激励

①② 资料来源：经济观察网，http://www.eeo.com.cn/2019/0615/358730.shtml。

和约束的双重作用。[①]

4. 实施激励方案环节

在企业内部委托—代理双方之间签订中长期合同，该合同能够反映代理人工作成果与收益变化。股权期权激励本质在于企业所有者给予经营者一部分公司股权，从而经营者追求个人利益最大化也就是追求公司利益最大化。因此，该方式最大的问题就是原有股东与新股东的关系处理问题：一方面，实施股权期权会稀释现有股东股权；另一方面，公司有新股东加入时，经营者可能会根据自身掌握的信息来参与公司的决策和改革，有可能出现与原有股东的经营策略、管理思路不相一致等问题，容易发生股权纠纷，因此该计划实施的核心要素就是股权转让协议制定。签订股权期权激励合同要考虑各种可能发生的情况，如高管辞职、死亡、退休，被授予的期权、股权的处理需事先约定，一旦约定不明，则更有可能在股东和高管之间发生纠纷。

四、项目跟投

1. 确定激励目标环节

项目跟投将员工利益与公司利益作为一个整体考虑，掌握市场化改革的方向和思路，激活和调动国有创投企业员工的积极性、创造力与凝聚力。该计划有利于稳定企业核心人才队伍，项目实施全过程能够实现由被动执行向主动管理和自我驱动转型。同时，该计划能够充分体现激励与约束机制共存原则，企业提供业务、产品、项目等可独立核算的职能，由参与决策和运营的员工与企业共同投资该经营体。该计划有利于让核心员工参与公司重大决策，与企业共同投资、共担风险、共享收益。[②]

①② 资料来源：经济观察网，http://www.eeo.com.cn/2019/0615/358730.shtml。

2. 明确激励条件环节

一般情况下，该计划要求实施企业为国有创业投资企业，该企业将投资效益与管理人员的激励约束相结合。国务院发布《关于促进创业投资持续健康发展的若干意见》提出，探索国有创业投资企业和创业投资管理企业核心团队持股和跟投。完善国有创业投资企业的监督考核、激励约束机制和股权转让方式，形成鼓励创业的国有创业投资生态环境。该意见发布之后，河北、安徽、贵州等多省份陆续出台促进创业投资企业持续健康发展实施意见，对项目跟投等激励约束机制做出相应安排和规划。地方国企，央企二、三级子公司中也随之对项目跟投机制展开探索。如海康威视（隶属中国电科集团），试行核心员工跟投创新业务机制，突破了原有国有企业员工激励限制，成为市场化竞争中国企改革创新的重要试点，为公司可持续发展注入新动力。与其他计划相比，该计划可以归属为市场化行为，限制条件较少，国资流失的风险较小，充分体现激励和约束并重。①

3. 设计激励方案环节

从激励对象上进行分类，包括强制跟投和自愿跟投（限额跟投）两种类型。①强制跟投。企业中高层管理人员或者项目经理。②自愿跟投。设定投资上限，其他员工可自愿参与项目跟投。根据众多企业实施经验，员工跟投比例在10%～30%，一般在10%、15%这两个比例居多。同时，一般项目经理的跟投比例不得低于跟投总份额的20%。很多公司为了吸引供应商、客户、其他战略合作伙伴参与到项目中来，也拿出了一部分比例请他们跟投，但一般不超过跟投部分的30%。周期较长的项目，员工的收益会受到影响，尤其员工是借款跟投的，其财务负担会加重，因此，可以采用预分红的办法，缓解员工财务压力。预分红比例的确定一般有两种做法：一是按照预计净利润的50%进行预分

① 资料来源：经济观察网，http://www.eeo.com.cn/2019/0615/358730.shtml。

配；二是按照年化资金收益的50%进行预分配。二者取较小的数值。

4. 实施激励方案环节

实施跟投制度，需要有周密的计划，充分听取各方面的意见，积极稳妥地推进，并有序地实施。一般实施的主要范围包括创新业务，或者是投资周期较长，业务发展前景不明朗，具有较高风险和不确定性，需要进行直接或间接的投资探索，以便公司适时进入新领域的业务。在新的业务开展过程中，首先，由重要决策影响力的核心层和骨干成员同步出资，形成风险对赌锁定。跟投机制是一种伴随式投资创新业务的形式，不同的国企业务不同，发展战略差别较大，组织模式也有差异，因而各家企业的跟投机制需要量身定做，跟投协议的制定也需要综合考虑企业自身特点。其次，要针对企业内部不同层级和岗位人员的职责，科学划分在对新业务跟投的过程中不同参与者的责权利，针对不同的岗位和人群，制定不同类型的跟投计划，系统设计跟投主体和员工的投资和对价模式，确定出资主体、出智主体、资本来源、实股和增值股权转换问题，并根据业务特点明确跟投项目的对赌周期、投资安排和收益获取模式，充分考虑绩效考核、人员变动、职责转换等因素带来的跟投责权利变化。

企业由于所属类型、战略布局以及企业发展状况不同，其选择的激励模式也存在差异，应因地制宜、因企施策，充分利用好不同激励方式的优势，结合企业所要实现的激励目标，选择适合的激励模式。而无论现金模式还是股权模式，最终目的还是希望能够利用中长期激励工具，更好地激发管理层和骨干员工的工作积极性、主动性，能够在新一轮的国有企业改革浪潮中，发挥出其关键性的作用。

| 第三章 |

国有企业中长期激励四步法

本书主要借助逻辑推理的思维来发现国有企业中长期激励各环节之间的内在联系，确定需要解决的核心问题，根据问题向下逐层推演寻找原因，并根据对前文所述各类中长期激励工具分析过程的不断验证，最终从中长期激励计划管理者的视角，提炼出国有企业中长期激励四步法，即“确定激励目标”“明确激励条件”“设计激励方案”“实施激励方案”四个环节。本章将对四个环节的具体研究要素展开充分论证。

第一节　确定激励目标

确定中长期激励的主要目标，并根据主要目标确定下一步所要选择的激励模式，属于企业实施中长期激励计划的顶层设计阶段，是中长期激励的核心环节，决定了激励对象如何持有股权以及如何分配利润。激励模式直接影响激励的效果，需结合企业具体情况、资金情况、发展战略、预期效果、可行性等确定有效模式。企业类型及其所属发展阶段不同，其主要目标也有所区别，例如：对于中长期内上市导向较强的国有非上市公司，可以选择中长期激励进行过渡；对于无明确上市计划，但有清晰的中长期战略规划的企业，可以选择中长期激励保障战略落地；对于并购整合或人才竞争需求旺盛的企业，需要设立中长期激励计划来吸引人才；等等。在设计中长期激励计划时，首先要明确激励目标从而选择合适的激励模式。

第二节 明确激励条件

企业确定中长期激励模式，要根据国家已经出台的政策法律，梳理出企业在此激励模式下所必须具备的条件以及未来在方案设计过程中必须遵照执行的限定要求，对照企业的发展状况，确定是否需要进一步调整激励模式，为下一步激励方案的制定提供一个良好的铺垫。

国有企业中长期激励的实践过程中，应建立科学的绩效考核体系，结合企业目标考虑中长期激励方案的关键要素，结合公司业绩和个人业绩的实际情况，评估人力资本价值，最终确定激励约束条件。

中长期激励之所以能调动员工的积极性，重要的一个原因就是其激励标的物与对员工的约束条件密切相关，与激励对象工作努力程度密切相关，直接影响激励成果的大小和实现概率。适合的激励标的物可以实现企业与员工的双赢。

激励标的物要综合考虑以下四个因素：①激励标的物必须与公司的价值增长相一致；②激励标的物的价值评定应该是明确且令人信服的；③激励标的物的数值应该是员工可以通过自身努力而实现的；④公开激励标的物时应不至于泄露公司的财务机密。

中长期激励能否奏效还应取决于公司对岗位或个人的考核机制。①成长期企业业务模式不固定，兼岗和轮岗现象相对普遍，难以用一张固定的工作说明书来界定员工的工作内容。在这种情况下，岗位价值不能成为确定中长期激励深度的依据。②成熟期企业业务模式趋于稳定，“统一、规范、有序”成为企业管理的核心，进行基于岗位价值的评估对于确定中长期激励力度来说非常重要。因此，企业无论是对人还是对岗，固化激励额度的做法都是不妥当的，需要引入中长期激励的考核机制，并且将考核分为公司绩效、部门绩效（或项目绩效）和个人绩效三个层面。对于层级较高的员工，强化对公司绩效的考核；对于层级较低的员工，强化对个人绩效的考核。根据考核成绩从高到低划分成 S、A、B、C、D 五个等级，按考核等级确定最终激励额度。

第三节　设计激励方案

激励方案设计是中长期激励计划的关键环节，需要确认激励计划中的各方面信息，包括激励对象、激励时间周期、激励额度、激励来源以及被激励者的权利等。

一、定激励对象

激励对象即中长期激励受益者的选择，需要权衡企业长期目标和短期目标间的关系，尤其是关注企业的长期发展和战略目标的实现。因此，激励对象选择必须以企业战略目标为导向，选择对企业战略发展最具价值的人员，对于不符合条件的人员，采取宁缺毋滥的原则，不要把中长期激励变成福利和奖励。因此，可以从人力资本附加值、历史贡献、难以取代程度三个方面确认激励资格。

首先，激励对象应具有一定的人力资源附加值，能够对公司未来的可持续发展产生重大影响。其次，根据以往对公司的贡献程度来考量，激励对象的经营业绩或管理能力应相对突出，尊重历史贡献是避免出现内部争议的最好做法。最后，激励对象应具有难以替代性，主要包括掌握核心商业机密和专有技术的特殊人力资本持有者。难以取代程度是企业保护商业机密的现实需要，具体原则如下：[①]

（1）对公司未来发展有关键作用并且难以替代的员工。这是一个最基本的原则，但是在不同行业、不同企业、不同发展阶段，即使同一

① 资料来源：互联网文档资源，http://www.docin.com/p-324413460.html。

个岗位的同一个人员作用大小也是不相同的。

（2）认同企业的文化和价值观。

（3）相信企业的愿景能实现并能理解股权的价值。

（4）工作岗位难以监督。

（5）历史贡献较大且工龄较长。

（6）针对股权激励模式，激励对象人数不得超过法律规定的股东人数限制。根据《公司法》规定，有限公司股东人数不得超过50人，非上市的股份公司股东人数不得超过200人，[①] 在新三板挂牌的股份公司除外。

依据上述原则，将国有企业中长期激励的对象分成三个层面：①核心层。公司的战略决策者，人数约占员工总数的1%～3%。②经营层。担任部门经理及以上职位的管理者，人数约占员工总数的10%。③骨干层。为特殊人力资本持有者，人数约占员工总数的15%。[②]

二、定授予额度

该环节主要解决的是中长期激励的总量、每位受益人的中长期激励的额度等相关问题，可以根据公司的实际情况来确定，每位受益人的激励额度基本上是按照个人职级、个人的价值能力来确定的。

针对股权激励模式，2016年8月，国务院国资委、财政部和证监会联合发布《关于印发〈关于国有控股混合所有制企业开展员工持股试点的意见〉的通知》（国资发改革〔2016〕133号），对员工持股的细则提出了具体意见，对于持股比例规定，“员工持股总量原则上不高于公司总股本的30%，单一员工持股比例原则上不高于公司总股本的1%”及“实施员工持股后，应保证国有股东控股地位，且其持股比例

① 吴平哲．LZ公司股权激励方案选择与优化研究[D]．成都：西南交通大学，2018.

② 资料来源：互联网文档资源，http://www.docin.com/p-422876211.html。

不得低于公司总股本的34%”。法律法规对民营非上市公司的股权激励总量没有强制性的限制，企业可以根据需要自由设计。① 而目前有强制性规定限制的为上市公司股权激励总量，即不得超过公司总股本的10%。首次实施股权激励计划时，上市公司授予的股权数量原则上应控制在上市公司股本总额的1%以内；上市公司任何一名激励对象通过全部有效的股权激励计划获授的本公司股权，累计不得超过公司股本总额的1%，经股东大会特别决议批准的除外。

人力资本依附性较强、资金门槛较低的公司，中长期激励的总量应多一些；人力资本依附性较弱、资金门槛较高的公司，中长期激励的总量应少一些。

三、定授予价格

针对股权激励模式，还需确定单位股权（即1%的股权）所对应的价格。在员工入股前，应按照有关规定对试点企业进行财务审计和资产评估，入股价格不得低于经核准或备案的每股净资产评估值；国有控股上市公司员工入股价格按证券监管有关规定确定。②

采取增资扩股方式开展员工持股的，可以采取场外协议方式进行，入股价格不得低于经核准或备案的每股净资产评估值。国有及国有控股企业引入非公有资本股东时，需同步引入员工持股的，非公有资本股东必须进场交易，员工入股的价格必须与非公有资本入股价格保持一致。

常见的授予价格计算方法有以下三种。

1. 净资产计算法

净资产＝账面资产总额＋应收账款×（1－坏账准备率）＋无形资产－负债总额

---

①② 龙文杰，洪小龙，孙军伟. 国有控股混合所有制企业员工持股法律实证研究——以19家试点企业为视角[C]. 上海法学研究(集刊)，2019，6(6)：1－11.

企业总价值 = 净资产 ×（1 + 溢价）

（注：溢价的确定请参考市场对同行业同类公司的评估值。）

单位股权所对应的价格 = 企业总价值 ÷ 100

举例：A 公司账面资产为 3000 万元，应收账款为 1000 万元，坏账准备率为 10%，无形资产为 800 万元，负债为 600 万元，溢价为 20%，则：净资产 = 3000 + 1000 ×（1 − 10%）+ 800 − 600 = 4100 万元，企业总价值 = 4100 ×（1 + 20%）= 4920 万元，单位股权所对应的价格 = 4920 ÷ 100 = 49.2 万元。

2. 利润计算法

企业总价值 = 前 3 年平均利润 × 倍数

（注：倍数的确定可参考市场对同行业同类公司的评估值。）

单位股权所对应的价格 = 企业总价值 ÷ 100

举例：B 公司前 3 年的平均利润为 500 万元，倍数按 10 计算，则：企业总价值 = 500 × 10 = 5000 万元，单位股权所对应的价格 = 5000 ÷ 100 = 50 万元。

3. 销售额计算法

企业总价值 = 前 3 年平均销售额 × 倍数

（注：倍数的确定可参考市场对同行业同类公司的评估值。）

单位股权所对应的价格 = 企业总价值 ÷ 100

举例：C 公司前 3 年的平均销售额为 2000 万元，倍数按 2 计算，则：企业总价值 = 2000 × 2 = 4000 万元，单位股权所对应的价格 = 4000 ÷ 100 = 40 万元。

四、定时期安排

伴随着业务的推进，企业开始进行中长期激励的方案设计。不同时间点可以选择不同的授予形式或组合形式，为产生长期激励效用，中长期激励需分阶段进行，进而确保员工的工作激情得以延续。划分激励时段，可参照企业的战略规划期、员工的心理预期、工作性质三个方面综合确定。①作为支撑企业战略实现的激励工具，中长期激励的周期应与企业的战略规划期相匹配；②中长期激励旨在通过解除员工的后顾之忧来赢取员工的忠诚，过长的激励周期会弱化激励效果，无法调动员工的参与欲望，但过短的激励周期也会使一部分员工萌生投机念头；③企业之所以采用中长期激励，也是因为某些岗位的工作成果无法在短期内呈现出来，所以中长期激励的周期设置还应考虑激励对象的工作性质。

一般而言，设定中长期激励的授予期为 3 年，按 3∶3∶4 的比例，每年 1 次，分 3 次授予完毕，同期激励额度的解锁及期权的兑现亦分 3 年期实施。这样一项中长期激励计划全部完成需要延续 6 年。为何设成循环机制？目的是在激励的同时施加必要的约束——某些员工中途任何时刻想离开企业，都会觉得有些不舍和犹豫，以此增加其离职成本，强化长期留人的效用。

五、定激励来源

国有企业中长期激励方案设计过程中，应根据企业发展的实际情况选择不同的激励来源，具体如下。

①可以是公司某段时间内的营业利润及营业收入的固定比例，或者为指定项目所创造的具体收益。②可以是公司回购股份，公司再将回购的股份无偿或低价转让给激励对象。根据《公司法》，公司回购股份应当经股东大会决议，收购的本公司股份，不得超过本公司已发行股份总额的 5%；用于收购的资金应当从公司的税后利润中支出；所收购的股份应当在一年内转让给职工。③还可以是老股东出让的公司股份。如果以实际股份对公司员工实施激励，一般由老股东，通常是大股东向激励对象出让股份。

支付对价的方式可以分为两种：①股份赠与，老股东向股权激励对象无偿转让一部分公司股份；②股份出让，出让的价格一般以企业注册资本或企业净资产的账面价值确定。公司可以在股东会对股权激励方案进行表决时，约定其他股东对与股权激励有关的股权转让和增资事项放弃优先购买权。

第四节　实施激励方案

本节主要根据已经确定好的激励方案，进行下一步的实施启动，保证各个实施流程落实与优化，这需要企业各部门划分出所负责的方案中的职责权限，同时保障激励计划审批备案、民主程序、风险评估、合法合规等各个环节都能顺利执行。实施激励方案需要重点考虑以下三个方面：激励对象的持有方式、激励对象的退出方式以及中长期激励的财税问题。

一、激励对象的持有方式

1. 自然人自持

该模式的优点是股东全部为显名股东，股东法律地位相对完善，公司上市审批较容易通过，并且不会重复纳税；缺点是股东大会召集和形成决议困难，影响公司的决策效率。①

2. 自然人代持

该模式可以精减股东数量，有利于完善治理结构。然而目前上市审批较难通过，因而在公司筹备上市时，需要将代持模式转为自然人持股模式，即全部持有公司股份的员工都转为自然人，不再委托他人代持。②

①② 刘钰娟．适用于非上市国有企业的股权激励模式[J]．广东经济，2010(7):51－55.

3. 设持股平台

所有股权激励对象出资成立持股公司或有限合伙企业，由持股平台持有目标公司股份，从而实现激励对象间接持有目标公司股权。但是，该持股平台模式存在目标公司和持股平台两个层面的管理控制和税务问题。

4. 信托模式

《公司法》第二十四条规定，“有限责任公司由五十个以下股东出资设立”，如果企业设计直接持股方案，那么股权激励对象的人数将受到限制。若股权激励对象的人数众多，则不能以直接持股的方式进行，这时，间接持股方式较适合。信托持股即其中一种，将员工持股的职能委托给信托机构行使，由信托机构按委托人意愿进行管理或者处分。信托方式既可融资，又可有效地实现股权流动，但是该方式操作复杂且需要支付额外成本。

二、激励对象的退出方式

2016 年 8 月，国务院国资委、财政部和证监会联合发布《关于印发〈关于国有控股混合所有制企业开展员工持股试点的意见〉的通知》(国资发改革〔2016〕133 号)，对于退出价格规定：“转让给持股平台、符合条件的员工或非公有资本股东的，转让价格由双方协商确定；转让给国有股东的，转让价格不得高于上一年度经审计的每股净资产值。”①

退出机制对员工退出做了如下规定：①正常离职。企业往往会按照合同继续让这些员工享受股权或者期权。②非正常离职。如果员工的离职没有给公司造成损失，不违反保密协议等，大部分公司还是能允许员

① 龙文杰,洪小龙,孙军伟. 国有控股混合所有制企业员工持股法律实证研究——以 19 家试点企业为视角[C]. 上海法学研究(集刊),2019,6(6):1 - 11.

工享有已经被授予的股权收益的。③开除。这种情况都是按照相关规定取消享受股权收益的权利的。[①]

为规避法律纠纷，在推行股权激励方案前应事先明确退出机制。参照《中华人民共和国劳动合同法》，可以从以下两个方面规范退出办法。

一般性退出：对于职务变更、丧失劳动能力、退休、死亡、经批准后的辞职等一般性异动退出，退出价格可设置为以下两个价格中的较高者，即持股员工每股实际出资购股成本＋同期银行存款利率计算的利息；经评估的最近一期且在有效期内的公允价值。

惩罚性退出：重大渎职行为；重大决策失误导致公司利益受到重大损失；私自转让、交换、质押股权，将股权作为担保、偿还债务等；违反同业竞争、竞业限制；擅自离职行为，或被公司或子公司依法解除劳动合同；从事任何有损公司声誉、形象和经济利益的活动；向任何第三人透露、披露、告知、交付、传递公司的商业秘密；[②] 触犯国家法律法规，被判以任何刑事责任、行政责任的公司认为有损公司或持股平台/持股人会议利益的其他禁止行为和情况。以上情况，退出价格可设置为以下两个价格的较低者：持股员工每股实际出资购股成本；经评估的最近一期且在有效期内的公允价值。

三、中长期激励的财税问题

2016 年 9 月，财政部、国家税务总局联合印发《关于完善股权激励和技术入股有关所得税政策的通知》（财税〔2016〕101 号）（以下简称“101 号文”）。相比旧政策，101 号文体现出以下特点：对符合规定的非上市公司股票期权、股权期权、限制性股票和股权奖励实行递延

① 王芳．初创期小型科技型企业股权激励机制研究［D］．北京：北京交通大学，2008.
② 刘林炘．武汉市政工程设计研究院薪酬体系优化研究［D］．武汉：华中科技大学，2011.

纳税政策。公司高级管理层、核心技术人员等在获取股权激励的当期暂不缴纳个人所得税，纳税时点递延到该股权实际转让日，纳税金额根据股权转让收入减除股权取得成本及合理税费后的差额，按照财产转让所得的20%税率计算。与旧政策相比，新政策将原有的两个纳税环节进行简化合并，从而有效降低纳税人实际税收负担。①

此外，101号文规定，对技术成果投资入股实施选择性税收优惠政策。企业（个人）将技术成果以投资方式入股到境内居民企业，被投资企业支付的对价全部为股票（权）的，企业（个人）可选择继续按现行有关税收政策执行，或者选择适用递延纳税优惠政策。选择后者的，经向主管税务机关备案，入股当期可暂不纳税，纳税时点递延至股权实际转让日，所得税纳税额按股权转让时的收入减去技术成果投资时的原值与合理税费后的差额计算。同时101号文还规定，企业或个人选择适用上述任一项政策，被投资企业均允许按技术成果投资入股时的评估值入账并在企业所得税前摊销扣除。这不仅可以降低员工个人税收负担，也将大幅降低企业税收负担。②

①② 徐凯，宋家兴，许诺，等．股权激励和技术入股有关所得税政策解读及问题探讨[J]．财务与会计，2017(16):30－31.

第三篇

案例篇①②③④⑤

① 国务院国资委改革办. 改革实践——国资国企改革试点案例集[M]. 北京:机械工业出版社,2019.

② 本书编写组. 国企改革若干问题研究[M]. 北京:中国经济出版社,2017.

③ 国务院国资委改革办. 国企改革探索与实践——地方国有企业100例(上、下)[M]. 北京:中国经济出版社,2018.

④ 国务院国资委改革办. 国企改革探索与实践——中央企业子企业150例(上、下)[M]. 北京:中国经济出版社,2018.

⑤ 国务院国资委改革办. 国企改革探索与实践——中央企业集团15例[M]. 北京:中国经济出版社,2018.

| 第四章 |

国有上市公司中长期激励案例解读

第一节　中国联通限制性股票案例解读

2009 年 1 月 6 日，原中国网通和原中国联通合并组建了中国联合网络通信集团有限公司（以下简称“中国联通”），在国内 31 个省（区、市）和境外多个国家和地区设有分支机构，是中国唯一一家在纽约、香港、上海三地同时上市的电信运营企业，连续多年入选“世界 500 强企业”。中国联通于 2018 年 2 月 11 日发布关于限制性股票激励计划（草案修订稿）及首期授予方案（草案修订稿）等一系列相关公告。首期拟向激励对象授予不超过 84788 万股的限制性股票，约占当前公司股本总额的 2.8%。①

一、确定激励目标，选择激励模式

中国联通根据《公司法》《证券法》《国有控股上市公司（境内）实施股权激励试行办法》《关于规范国有控股上市公司实施股权激励制度有关问题的通知》《上市公司股权激励管理办法》以及其他有关法律

① 许燕珍，闫晓．论中国联通大学生市场分析及营销策略[J]．知识经济，2012(6)：98.

法规、部门规章、规范性文件和公司章程的规定[①]，希望进一步完善公司治理结构，健全公司激励与约束相结合的中长期激励机制，有效应对行业激烈竞争并支持公司长远发展，充分调动公司核心管理者和骨干员工的积极性，[②] 按照《中国联合网络通信股份有限公司限制性股票激励计划（草案)》具体规定，在实施限制性股票计划时，[③] 中国联通始终坚持四项原则：①坚持激励与约束相结合，风险与收益相对称；②坚持股东利益、公司利益和员工利益相一致，有利于维护股东利益，有利于上市公司的可持续发展；[④] ③坚持依法规范，公开透明，遵循相关法律法规和公司章程规定；[⑤] ④坚持从实际出发，审慎起步，循序渐进，不断完善。进一步完善公司治理结构，构建不断完善股东、经营层和执行层利益均衡机制；建立股东、公司与员工之间的利益共享与约束机制，为股东带来持续回报；充分调动核心员工的积极性，支持公司战略实现和长期可持续发展；吸引、保留和激励优秀管理者、核心技术骨干员工，倡导公司与员工共同持续发展的理念，确保公司长期稳定发展。

二、充分明确激励条件

1. 授予条件

对于公司整体运营情况而言，其 2016 年度公司业绩需满足以下条件：①主营业务收入增长率大于 2.0%；②利润总额大于 5.0 亿元；③净资产收益率（ROE）大于 0。[⑥]

同时，本公司不允许发生如下任一情形：①最近一个会计年度财务会计报告被注册会计师出具否定意见或者无法表示意见的审计报告；②最

---

① 证券日报网．宁波天龙电子股份有限公司第一期限制性股票激励计划（草案）摘要公告[Z].

② 崔晓庆．我国国有控股上市公司股权激励问题研究[J]．中外企业家，2019(15)：39－41.

③④⑤ 资料来源：http://epaper.zqrb.cn/html/2018－02/12/content_252996.htm？div＝－1。

⑥ 张悦欣．国有上市公司混改员工持股定价研究——以中国联通及海正药业为例[D]．北京：北京交通大学，2018.

近一个会计年度财务报告内部控制被注册会计师出具否定意见或无法表示意见的审计报告；③最近36个月内出现过未按法律法规、公司章程、公开承诺进行利润分配的情形；④法律法规规定不得实行股权激励的；[①] ⑤国资委、证监会认定的不能实施限制性股票激励计划的其他情形。

对于激励对象而言，其前一个考核年度个人业绩考核为“称职”及以上，且未发生如下任一情形：①最近12个月内被证券交易所认定为不适当人选；②最近12个月内被证监会及其派出机构认定为不适当人选；③最近12个月内因重大违法违规行为被证监会及其派出机构行政处罚或者采取市场禁入措施；④具有《公司法》规定的不得担任公司董事、高级管理人员情形的；⑤法律法规规定不得参与上市公司股权激励的；⑥公司董事会认定其他严重违反公司规定的；[②] ⑦国资委、证监会认定的其他情形。

2. 解锁条件

限制性股票若可以进行解锁，公司和激励对象须满足以下条件：

（1）公司业绩方面。

满足以下条件时，激励对象获授的限制性股票方可依据本方案解锁[③]，见表4－1。

（2）个人业绩方面。

经营业绩和价值贡献可以确定激励对象解锁当年的业绩贡献，进而匹配档次，差异化确定当期解锁比例。当期实际解锁股数＝当期目标解锁股数×解锁比例。其中，目标解锁股数按照分次解锁安排具体确定（见表4－2）。[④]

---

①② 资料来源：http://epaper.zqrb.cn/html/2018－02/12/content_252996.htm？div＝－1。

③④ 张悦欣．国有上市公司混改员工持股定价研究——以中国联通及海正药业为例[D]．北京：北京交通大学，2018.

表 4-1 解锁条件

解锁期	解锁条件
第一个解锁期	(1) 2018 年度主营业务收入较 2017 年度主营业务收入基准的增长率不低于4.4%，较 2017 年度主营业务收入的增长率不低于同行业企业平均水平； (2) 2018 年度利润总额较 2017 年度利润总额基准的增长率不低于 65.4%，较 2017 年度利润总额的增长率不低于同行业企业 75 分位水平； (3) 2018 年度净资产收益率不低于 2.0%
第二个解锁期	(1) 2019 年度主营业务收入较 2017 年度主营业务收入基准的增长率不低于 11.7%，较 2018 年度主营业务收入的增长率不低于同行业企业平均水平； (2) 2019 年度利润总额较 2017 年度利润总额基准的增长率不低于 224.8%，较 2018 年度利润总额的增长率不低于同行业企业 75 分位水平； (3) 2019 年度净资产收益率不低于 3.9%
第三个解锁期	(1) 2020 年度主营业务收入较 2017 年度主营业务收入基准的增长率不低于 20.9%，较 2019 年度主营业务收入的增长率不低于同行业企业平均水平； (2) 2020 年度利润总额较 2017 年度利润总额基准的增长率不低于 378.2%，较 2019 年度利润总额的增长率不低于同行业企业 75 分位水平； (3) 2020 年度净资产收益率不低于 5.4%①

表 4-2 解锁比例

业绩贡献匹配档次	解锁比例/%
A	100
B	75
C	50
D	25
E	0

① 范昕晖. 中国联通混合所有制改革方案及其绩效研究[D]. 广州：广东外语外贸大学，2018.

三、科学设计激励方案

1. 激励对象的收益

限制性股票收益增长与公司经营业绩增长匹配。

2. 激励对象的范围

公司中层管理人员以及对上市公司经营业绩和持续发展有直接影响的核心管理人才及专业人才（不包括董事及高级管理人员）构成了首次授予的激励对象（不包括预留部分），总数不超过7550人。[①] 激励对象不包括独立董事和监事以及由公司控股股东以外的人员担任的外部董事。预留部分的激励对象应当在股权激励计划经股东大会审议通过后12个月内予以明确；单独或合计持有上市公司5%以上股份的股东或实际控制人及其配偶、父母、子女，不得成为激励对象；公司控股股东的企业负责人在公司担任职务的，可以参加上市公司股权激励计划，但只能参与一家任职公司的股权激励计划；激励对象根据公司业绩考核相关办法的考核结果应在称职及以上。[②]

3. 股票来源

限制性股票来源为中国联通向激励对象定向发行的A股普通股股票。

4. 授予总量

中国联通规定，限制性股票激励计划所涉及的公司股票总数累计不超过公司股本总额的10%。首期拟向激励对象授予不超过84788万股的限制性股票，约占当前公司股本总额2119659.64万股的4.0%，其中计

① 张悦欣．国有上市公司混改员工持股定价研究——以中国联通及海正药业为例[D]．北京:北京交通大学,2018.

② 资料来源:http://epaper.zqrb.cn/html/2018-02/12/content_252996.htm?div=-1。

划预留 8478 万股，占本次授予总量的 10%，占当前公司股本总额的 0.4%；[①] 非经股东大会特别批准，任何一名激励对象通过本方案及公司其他有效的股权激励计划（如有）累计获得的股票总量，不得超过公司股本总额的 1%；[②] 公司董事和高级管理人员所获授限制性股票预计在其授予时收益价值控制在其薪酬（含预计的激励收益）的 30% 以内。[③]

5. 授予分配情况

限制性股票在各激励对象间的分配情况如表 4－3 所示。[④]

表 4－3 限制性股票分配情况

职务	人数	人均授予股数/万股	授予总股数/万股
公司中层管理人员、核心管理人才及专业人才	7550 人	10.1	76310
预留部分	待定	待定	8478
合计	—	—	84788

其中，预留部分拟授予公司经理层和由公司董事会确定的其他核心人才，将在股权激励计划经股东大会审议通过后 12 个月内予以明确并授予。

6. 限制性股票有效期

本方案的有效期为 60 个月，自限制性股票授予之日起生效，包括禁售期和解锁期，在本方案有效期内，公司可以依据本方案向激励对象授予限制性股票。本方案有效期满后，公司不得依据本方案向激励对象授予任何限制性股票；但本方案的各项条款对依据本方案授出的限制性股票依然有效。在符合授予条件的前提下，董事会有权向符合条件的人

① 张悦欣．国有上市公司混改员工持股定价研究——以中国联通及海正药业为例[D]．北京：北京交通大学，2018.

②③ 资料来源：http://epaper.zqrb.cn/html/2018－02/12/content_252996.htm?div=－1。

④ 李佳奇．混合所有制改革下国有企业员工持股案例研究——以中国联通为例[D]．昆明：云南大学，2018.

员授予限制性股票。

7. 限制性股票禁售期

限制性股票禁售期为自激励对象获授限制性股票之日起 24 个月。规定时间内激励对象通过本方案所持有的限制性股票将被锁定，且不得以任何形式转让，不得用于担保或偿还债务。①

8. 限制性股票解锁期

限制性股票解锁期是限制性股票禁售期满后的 36 个月。一般采取分期匀速解锁，如果达到当期限制性股票的解锁条件，激励对象可以申请对其当期通过本方案所持限制性股票进行解锁并依法转让；如果未达到本方案规定的限制性股票解锁条件，激励对象当期不得解锁限制性股票，由公司按照激励对象的授予价格购回。②

四、有效实施激励方案

1. 拟订方案

薪酬与考核委员会为董事会下设单位，负责拟订本方案，与国务院国资委进行预沟通；董事会审议通过本方案，针对限制性股票激励计划是否有利于公司可持续发展和是否存在损害公司及全体股东利益问题，独立董事及监事会有权发表独立意见。监事会核实激励对象名单，公司聘请律师对本方案出具法律意见书。③

2. 公告与审批

董事会审议通过限制性股票激励计划草案后的 2 个交易日内，公告董事会决议、本方案草案、独立董事意见及监事会意见；董事会审议通过的本方案，报国务院国资委履行审批程序；在股东大会召开前，由公

①② 孙涛，姚越．授予员工限制性股票涉及企业所得税、个人所得税问题探讨［J］．中国远洋海运，2017（12）：1－4.

③ 资料来源：http://epaper.zqrb.cn/html/2018－02/12/content_252996.htm？div＝－1。

司在内部公示激励对象的姓名和职务，公示期不少于10日；由监事会对激励对象名单进行核实并听取公示意见，监事会对激励对象名单审核及公示的情况在股东大会审批限制性股票激励计划前5日进行披露①。

3. 投票表决

本激励计划在获得国务院国资委审核批准后交公司股东大会审议，公司股东大会在对限制性股票激励计划进行投票表决时，独立董事应当就限制性股票激励计划向所有的股东征集委托投票权，监事会应就激励对象名单核实的情况在股东大会上进行说明，并且公司在提供现场投票方式时须提供网络投票的方式；限制性股票激励计划经公司股东大会审议通过后，② 即可实施。

4. 授予程序

董事会审议批准薪酬与考核委员会拟定的限制性股票授予方案；独立董事、监事会及律师事务所应当就激励对象获授权益的条件是否成就发表明确意见；监事会核查授予限制性股票的激励对象的名单是否与股东大会批准的限制性股票激励计划中规定的激励对象范围相符；公司向激励对象发出《限制性股票授予通知书》；激励对象在公司发出《限制性股票授予通知书》后3个工作日内与公司签订《限制性股票授予协议书》，并在规定时间内支付标的股票认购款。激励对象应自筹认购相应标的股票所需资金，公司不为激励对象提供贷款或其他任何形式的财务资助，包括不得为其贷款提供担保；激励对象若未签署《限制性股票授予协议书》或未足额缴纳应缴资金的，则未缴纳资金部分股份视为放弃，且其获授的限制性股票激励额度需根据其实际缴纳的自筹资金进行调整。公司在授予条件成就后60日内完成限制性股票的授予、登记、公告等程序，经上海证券交易所确认后，由登记结算公司办理登记结算与过户事宜；公司根据激励对象签署协议情况制作限制性股票激励

①② 资料来源：http://epaper.zqrb.cn/html/2018-02/12/content_252996.htm？div=-1。

计划管理名册，记载激励对象姓名、授予数量、授权日、《限制性股票授予协议书》编号等内容。①

5. 解锁程序

在解锁期内，当达到解锁条件时，激励对象向公司申请解锁，解锁申请经公司董事会确认后，由公司统一办理符合解锁条件的标的股票解锁事宜。解锁期的任一年度未达到解锁条件的，股票由公司按照激励对象授予价格回购并注销，并且激励对象不得在以后的年度内再次申请该等标的股票解锁。激励对象可转让获得解锁的标的股票，但公司董事和高级管理人员等激励对象所持股份的转让，应当符合《公司法》和《证券法》等法律法规和规范性文件以及公司章程的相关规定。②

第二节 国电南瑞限制性股票案例解读

2001 年 2 月 28 日，国电南瑞科技股份有限公司成立，是由南京南瑞集团公司作为主发起人、以南京南瑞集团公司下属三家分公司资产重组、联合其他七家战略投资者共同发起设立的一所科技公司。2003 年 9 月 24 日在上海证券交易所上市，简称“国电南瑞”。2006 年公司完成股权分置改革工作，现在是国家电网公司旗下的上市公司。

2018 年 3 月，国务院国资委发布《关于开展“国企改革双百行动”企业遴选工作的通知》，选取百家中央企业子企业和百家地方国有骨干企业，在 2018—2020 年实施“国企改革双百行动”。③ 国电南瑞的股权激励计划隶属于“双百行动”，在“五大突破、一个坚持”目标指引下，总激励股本占公司总股本的 0.87%，它的股权激励措施隶属于五大突破中的激励机制层面。

① 张良．混改背景下员工持股绩效研究——以中国联通为例[D]．杭州:浙江工商大学,2019.

② 资料来源:http://www.stock.cfi.cn/p20180315002302.html。

③ 史爱苹．徐工集团:践行“双百企业”三标准[J]．现代国企研究,2019(2):94－98.

一、确定激励目标，选择激励模式

为了进一步建立、健全公司长效激励机制，吸引和留住优秀人才，充分调动核心骨干员工的积极性，有效地将股东利益、公司利益和员工个人利益结合在一起，根据《公司法》、《证券法》、《国有控股上市公司（境内）实施股权激励试行办法》（国资发分配〔2006〕175 号）、《关于规范国有控股上市公司实施股权激励制度有关问题的通知》（国资发分配〔2008〕171 号）、《上市公司股权激励管理办法》（中国证券监督管理委员会令第 126 号）等有关规定[①]，国电南瑞决定利用限制性股票进行激励。公司此次激励计划是在提升整体资产和经营质量后迈出的关键一步；激励计划建立、健全了长效激励机制，有利于公司吸引和留住优秀人才，充分调动核心骨干人员的积极性，同时也增强了未来业绩的确定性。

二、充分明确激励条件

1. 授予条件

对于公司而言，未发生如下任一情形，才可以进行激励：①最近一个会计年度财务会计报告被注册会计师出具否定意见或者无法表示意见的审计报告；②最近一个会计年度财务报告内部控制被注册会计师出具否定意见或者无法表示意见的审计报告；③上市后最近 36 个月内出现过未按法律法规、公司章程、公开承诺进行利润分配的情形；④法律法规规定不得实行股权激励的；⑤中国证监会认定的其他情形。[②]

对于激励对象而言，其近三年绩效考核均为合格及以上，且未发生如下任一情形，才可以进行激励：①最近 12 个月内被证券交易所认定为不适当人选；②最近 12 个月内被中国证监会及其派出机构认定为不

①② 资料来源：http://www.cfi.net.cn/p20181205001282.html。

适当人选；③最近12个月内因重大违法违规行为被中国证监会及其派出机构行政处罚或者采取市场禁入措施；④具有《公司法》规定的不得担任公司董事、高级管理人员情形的；⑤法律法规规定不得参与上市公司股权激励的；⑥中国证监会认定的其他情形。[①]

同时，公司业绩考核条件达标，即：2017年净资产收益率不低于12%，且不低于同行业对标企业50分位值水平；2017年净利润不低于近三年平均业绩水平且不低于上一年度业绩水平；2017年成本费用占收入比重不高于85%；2017年完成南瑞集团下达的经济增加值考核目标，且ΔEVA大于0。[②]

2. 解除限售条件

对于公司而言，公司未发生如下任一情形，方可依据本计划对授予的限制性股票进行解除限售：①最近一个会计年度财务会计报告被注册会计师出具否定意见或者无法表示意见的审计报告；②最近一个会计年度财务报告内部控制被注册会计师出具否定意见或者无法表示意见的审计报告；③上市后最近36个月内出现过未按法律法规、公司章程、公开承诺进行利润分配的情形；④法律法规规定不得实行股权激励的；⑤中国证监会认定的其他情形。[③]

对于激励对象而言，未发生如下任一情形，可以解除限售：①最近12个月内被证券交易所认定为不适当人选；②最近12个月内被中国证监会及其派出机构认定为不适当人选；③最近12个月内因重大违法违规行为被中国证监会及其派出机构行政处罚或者采取市场禁入措施；④具有《公司法》规定的不得担任公司董事、高级管理人员情形的；⑤法律法规规定不得参与上市公司股权激励的；⑥中国证监会认定的其他情形。[④]

同时，对于公司业绩考核也有要求，本计划授予的限制性股票，在

①②③④ 资料来源：http://www.cfi.net.cn/p20181205001282.html。

解除限售期的四个会计年度内，分年度进行业绩考核并解除限售，以达到业绩考核目标作为激励对象的解除限售条件。若在年度考核过程中，对标企业主营业务发生重大变化，与公司的产品和业务不再具备相关性，则由公司董事会根据股东大会授权剔除或更换相关样本。公司董事会可根据公司战略、市场环境等因素，对上述业绩指标和水平进行调整，但相应调整需报国务院国资委备案。本计划有效期内，若上述对标企业存在发行股份收购资产的行为，则应剔除被收购资产对企业利润规模的影响。①

另外，对于激励对象个人层面也有考核要求，激励对象只有在相应考核年度绩效考核满足条件的前提下，才能部分或全额解除限售当期限制性股票，解除限售比例依据激励对象个人绩效考核结果确定，具体以公司与激励对象签署的《限制性股票授予协议书》约定为准。原则上绩效评价结果划分为A、B、C、D四个等级，激励对象相应考核年度考核合格后才具备当期限制性股票的解除限售资格，个人当期实际解除限售额度=标准系数×个人当期计划解除限售额度。当期未能解除限售的限制性股票由公司按照授予价格和回购时市价孰低值回购注销。②

三、科学设计激励方案

1. 股票数量

本计划拟授予的限制性股票数量为3970万股，占本计划公告时公司股本总额458366.41万股的0.87%。本次授予为一次性授予，无预留部分。本计划中任何一名激励对象所获授限制性股票数量未超过本计划公告时公司股本总额的1%。依据本计划授予的限制性股票及公司其他有效

①② 资料来源：http://www.cfi.net.cn/p20181205001282.html。

的股权激励计划累计涉及的公司标的股票总量未超过公司股本总额的10%。[①]

2. 股票的来源

为公司向激励对象定向发行的国电南瑞A股普通股，限制性股票的授予价格为9.08元/股。[②]

3. 激励对象的范围

本计划涉及的激励对象不超过1000人，具体包括：高级管理人员、中层管理人员及核心技术（业务）人员。所有激励对象必须与公司或公司的子公司具有雇佣关系或者在公司或公司的子公司担任职务。所有参与本计划的激励对象不能同时参加其他任何上市公司股权激励计划，已经参与其他任何上市公司激励计划的，不得参与本计划。[③]

4. 时间安排

本计划有效期自限制性股票授予登记完成之日起至激励对象获授的限制性股票全部解除限售或回购注销之日止，最长不超过72个月。本计划的授予日必须为交易日，授予日由公司董事会在本计划提交公司股东大会审议通过后确定。自公司股东大会审议通过本计划且授予条件成就之日起60日内，公司将按相关规定召开董事会对本次授予的激励对象进行授予，并完成登记、公告等相关程序。公司未能在60日内完成上述工作的，终止实施本计划，未授予的限制性股票失效。[④]

自激励对象获授限制性股票完成登记之日起24个月内为限售期。在限售期内，激励对象根据本计划获授的限制性股票予以限售，不得转让，不得用于担保或偿还债务。激励对象因获授的尚未解除限售的限制性股票而取得的资本公积转增股本、派发股票红利、股票拆细等股份同时按本计划进行锁定。解除限售后，公司为满足解除限售条件的激励对象办理解除限售事宜，未满足解除限售条件的激励对象持有的限制性股

---

①②③④ 资料来源：http://www.cfi.net.cn/p20181205001282.html。

票由公司回购。[①]

本计划的限售规定按照《公司法》《证券法》等相关法律法规、规范性文件和公司章程执行，具体规定如下：①激励对象为公司董事和高级管理人员的，其在任职期间每年转让的股份不得超过其所持有本公司股份总数的25%；在离职后半年内，不得转让其所持有的本公司股份。②在本计划最后一批限制性股票解除限售时，担任公司董事、高级管理职务的激励对象获授限制性股票总量的20%（及就该等股票分配的股票股利），限售至任职（或任期）期满后，根据其担任高级管理职务的任期考核或经济责任审计结果确定是否解除限售。③激励对象为公司董事和高级管理人员的，将其持有的本公司股票在买入后6个月内卖出，或者在卖出后6个月内又买入，由此所得收益归本公司所有，本公司董事会将收回其所得收益。④在本计划有效期内，如果《公司法》《证券法》等相关法律法规、规范性文件和公司章程中对公司董事和高级管理人员持有股份转让的有关规定发生了变化，则这部分激励对象转让其所持有的公司股票应当在转让时符合修改后的《公司法》《证券法》等相关法律法规、规范性文件和公司章程的规定。[②]

四、有效实施激励方案

1. 拟订激励计划

董事会薪酬与考核委员会负责拟订限制性股票激励计划，并提交董事会审议，董事会审议通过限制性股票激励计划草案，独立董事就限制性股票激励计划是否有利于公司的持续发展、是否存在损害公司及全体股东利益发表独立意见。董事会审议通过限制性股票激励计划草案后的2个交易日内，公告董事会决议、限制性股票激励计划草案、独立董事

①② 资料来源：http://www.cfi.net.cn/p20181205001282.html。

意见及监事会意见。[①]

公司聘请律师对限制性股票激励计划出具法律意见书，聘请财务顾问对限制性股票激励计划出具独立财务顾问报告。

2. 召开股东大会进行审议

限制性股票激励计划公告后，公司应当在召开股东大会前，通过公司网站或者其他途径，在公司内部公示激励对象的姓名和职务，公示期不少于10天。监事会应当对激励对象名单进行审核，充分听取公示意见。公司应当在股东大会审议限制性股票激励计划前5日披露监事会对激励名单审核及公示情况的说明。股东大会审议限制性股票激励计划，并经出席会议的股东所持表决权的2/3以上通过，拟为激励对象的股东或者与激励对象存在关联关系的股东，应当回避表决。[②]

自公司股东大会审议通过股权激励计划之日起60日内，公司应当根据股东大会的授权召开董事会对激励对象进行限制性股票授予，并完成登记、公告等相关事宜。未能在60日内完成上述工作的，应当及时披露未完成的原因，并宣告终止实施限制性股票激励计划，未授出的权益失效。[③]

3. 申报国资管理部门

限制性股票激励计划有关申请材料报国资管理部门审核批准。国资管理部门审核同意后，公司发出召开股东大会通知，并同时公告独立财务顾问报告、法律意见书。独立董事就限制性股票激励计划向所有股东征集委托投票权，并且公司在提供现场投票方式时提供网络投票的方式。[④]

4. 限制性股票的授予

股东大会审议通过本激励计划后，董事会应当就本激励计划设定的激励对象获授权益的条件是否成就进行审议并公告。独立董事及监事会应当同时发表明确意见。律师事务所应当对激励对象获授权益的条件是

①②③④　资料来源：http://www.cfi.net.cn/p20181205001282.html。

否成就出具法律意见。公司监事会应当对限制性股票授予日及激励对象名单进行核实并发表意见。①

股东大会审议通过本激励计划，且经董事会审议本激励计划设定的激励对象获授权益的条件成就后，公司董事会根据股东大会的授权办理具体的限制性股票授予事宜。公司根据绩效考核结果向激励对象授予限制性股票，并与激励对象签署《限制性股票授予协议书》，以此约定双方的权利义务关系。②

公司制作限制性股票激励计划管理名册，记载激励对象姓名、证券账户、获授限制性股票的数量、授予日期、限制性股票授予协议书编号等内容。公司应在股东大会审议通过本激励计划后60日内完成限制性股票授予、缴款、登记、公告等相关程序，经上海证券交易所确认后，由登记结算公司办理登记结算事宜。③

5. 限制性股票解除限售

限制性股票激励计划授予的限制性股票自完成登记日起满24个月后，进入48个月的解除限售期。工作小组应在四个解除限售期的解除限售日来临时，协助薪酬与考核委员会对公司满足解除限售条件的情况进行核查，若满足限制性股票激励计划规定的解除限售条件，则根据激励对象绩效评价结果确定每个激励对象的解除限售系数。薪酬与考核委员会应拟订解除限售方案并提交董事会审批。④

激励对象在四个解除限售期内依次可申请解除限售上限为限制性股票激励计划授予限制性股票数量的1/4、1/4、1/4/、1/4，⑤ 实际可解除限售数量应与激励对象相应考核年度绩效评价结果挂钩。⑥

6. 办理登记结算

董事会批准解除限售方案后，由公司向上海证券交易所、登记结算公司提出解除限售申请。激励对象因本激励计划获得的实际收益不得超

①②③④⑤⑥ 资料来源：http://www.cfi.net.cn/p20181205001282.html。

过授予时薪酬总水平（含股权激励收益）的40%，超出部分的股票不得解除限售，由国电南瑞按授予价格回购注销。

第三节　海康威视限制性股票案例解读

一、确定激励目标，选择激励模式

杭州海康威视数字技术股份有限公司（以下简称“海康威视”）为了进一步完善公司治理结构，健全公司激励与约束相结合的中长期激励机制，充分调动公司核心技术人员和骨干员工的积极性，根据《公司法》、《证券法》、《国有控股上市公司（境内）实施股权激励试行办法》（国资发分配〔2006〕175号）、《关于规范围有控股上市公司实施股权激励制度有关问题的通知》（国资发分配〔2006〕171文）、《上市公司股权激励管理办法》以及其他有关法律法规、部门规章、规范性文件和公司章程的规定,[①] 制订《杭州海康威视数字技术股份有限公司2018年限制性股票计划》。

二、充分明确激励条件

1. 时机：公司经营已上正轨，未来需快速发展，推动上市

一个好时机对于实现股权激励实施效果至关重要。海康威视并没有选择一开始创业就分配股权，因为那个时间点，业务不确定性极大，核心创业团队已经放弃52所事业编身份，如果再出资占有股权，风险太高，背负压力太大。选择在公司经营走上正轨、迈上下一个发展台阶的时间点，一方面体现对创业团队的奖励，另一方面可使团队获得事业拥有感，从而有助于企业下一阶段目标的实现。

---

① 资料来源：http://www.cfi.net.cn/p20180815002339.html。

2. 条件：以公司阶段性经营业绩为股权承诺的兑现条件

股权的珍贵之处，不仅在于其背后的价值，也体现在获取它的过程中。以公司阶段性经营业绩为股权承诺兑现条件，能充分激发核心创业团队的创业热情，这一点对于创业初期的团队尤为重要。

三、科学设计激励方案

限制性股票已成为上市公司常见的股权激励模式之一，而海康威视的做法的独到之处，就在于将股权这种稀缺资源通过"常态化"的使用方式，让其作用发挥到极致。"常态化"的第一大准则是固定频率，以符合企业发展需求的节奏进行资源供给；"常态化"的第二大准则是不过量，过犹不及就是这个道理。海康威视的常态化股权激励（见表4－4、表4－5）即充分体现了这两大准则。

四、有效实施激励方案

海康威视在实施方案过程中重点考虑了以下4个维度。

1. 频率

每两年发一期，每期分三次解锁，第一次锁定期为两年。这样的方式绑定作用持续，所有激励对象每年手上都有正在解锁的股票和尚未解锁的股票，新招聘人员也能够在较短周期就有机会纳入激励范围。

2. 范围

覆盖高层、中层、核心员工，若激励对象达到要求，每期都可参与。从前几期披露的激励名单来看，许多人每期都有参与。从长远来看，员工对于在公司长期工作创造价值能够形成稳定的激励预期，这样的预期非常有助于队伍稳定。

表 4 -4　海康威视的限制性股票计划

期数	时间	授予情况	激励对象	占总人数比例	解锁期	关键解锁条件						解锁情况
						财报年度	ROE		营业收入增长率		EVA	
第一期	2012 年	以 10.65 元/股授予 861 万股限制性股票，占总股本的 0.43%	590 人	9.2%	2014.08—2015.08	2013 年	≥15%	不低于标杆公司 75 分位	≥30%	不低于标杆公司 75 分位	较上一年有所增长，且高于授予前一年	解锁成功
					2015.08—2016.08	2014 年	≥16%		≥30%			解锁成功
					2016.08—2017.08	2015 年	≥17%		≥30%			解锁成功
第二期	2014 年	以 9.25 元/股授予 5332 万股限制性股票，占总股本的 1.32%	1134 人	11.9%	2016.10—2017.10	2015 年	≥20%		≥35%			解锁成功
					2017.10—2018.10	2016 年	≥20%		≥30%			解锁成功
					2018.10—2019.10	2017 年	≥20%		≥26%			
第三期	2016 年	以 12.63 元/股授予 5333 万股限制性股票，占总股本的 0.86%	2936 人	19.6%	2018.12—2019.12	2017 年	≥20%		≥25%			
					2019.12—2020.12	2018 年	≥20%		≥23%			
					2020.12—2021.12	2019 年	≥20%		≥21%			
第四期	2018 年	以 16.98 元/股授予 13196 万股限制性股票，占总股本的 1.43%	6514 人	24.7%	2020.08—2021.08	2010 年	≥20%		≥20%			
					2021.08—2022.08	2020 年	≥20%		≥20%			
					2022.08—2023.08	2021 年	≥20%		≥20%			

表 4-5　2012—2017 年海康威视的营业收入、扣非净利润、ROE

单位：亿元

	2012 年	2013 年	2014 年	2015 年	2016 年	2017 年
营业收入	72	107	172	253	319	419
扣非净利润	21.1	29.8	44.7	56.0	72.7	91.8
ROE	0.277	0.3092	0.3627	0.3528	0.3456	0.3496

3. 力度

激励力度适中，股权激励定位为薪酬的一个部分，而非“暴富”工具。从海康威视发布的四期激励计划来看，每期授予股权都在 1% 左右，涉及人员数量较多，占公司总人数的 10% ~25%。力度上，以 2018 年最新发布的一期为例，高管的保守激励力度（不考虑股票溢价）是 211 万元，每两年发一期，股权激励力度不大，其实质是薪酬的补充。

4. 约束

采用 ROE、营业收入增长率、EVA 多重指标进行约束，全面体现企业经营导向。在规模和盈利能力增长的基本要求之下，海康威视以内生式发展为主，ROE 的水平和稳定性，反映了企业的长期竞争力。因此，ROE 一直作为海康威视股权激励解锁条件的核心指标，且在高速发展的背景下，仍然要求保持 20% 的收益水平。

我们可以发现，海康威视的激励机制能够发挥如此好的效果，最重要的是将激励与每阶段业务发展诉求和人才激励诉求紧密结合，而非生硬的激励模式套用。这也是每家企业在设计激励机制时，需要考虑的根本出发点。

第四节　汾酒集团限制性股票案例解读

2002 年 3 月，山西杏花村汾酒集团有限责任公司（以下简称“汾酒集团”）成立，是在原山西杏花村汾酒（集团）公司基础上改制成立的国有独资公司。公司以生产经营中国名酒——汾酒、竹叶青酒为主营业务，同时拥有我国驰名品牌“杏花村”，是久负盛名的大型综合性国营企业，也是国家520户重点企业和山西省12户授权经营企业之一。①

2018年12月，汾酒集团发布关于限制性股票激励计划（草案）等一系列相关公告。其此次股权激励计划授予的限制性股票数量不超过650万股，约占此计划提交股东大会审议之前公司股本总额的0.75%。其中，首次授予590万股，预留60万股。该股权激励方案的落地，不仅有利于山西国资国企改革的顺利推行，而且能够增强中高层员工的积极性，为汾酒近年来的高端化与全国化提供了相应有利条件。

公告显示，在此次股权激励对象中，8位公司高级管理人员每人授权5万股，其他389名中层管理人员及核心技术（业务）人员合计授权550万股，首次授予的价格为19.28元/股。披露当日，汾酒集团的收盘价为38.42元，这意味着激励对象获得的激励股票相当于现时股票价格的一半。

一、确定激励目标，选择激励模式

汾酒集团为进一步完善公司治理结构，建立健全持续、稳定的激励约束机制，为股东带来持续的回报，构建股东、公司与员工之间的利益共同体，充分调动核心员工的积极性，促进公司长期稳健发展，吸引、保留和激励优秀管理者、核心技术（业务）人员，倡导公司与员工共同持续发展的理念，特选择限制性股票对员工进行激励，并严格遵守以下原则：①坚持股东利益、公司利益和员工利益相一致，有利于维护股东利益，有利于公司的可持续发展。②坚持激励与约束相结合，风险与收益相对称。③坚持依法规范，公开透明，遵循相关法律法规和公司章程规定。股东大会负责审议批准本计划的实施、变更

① 王正琪．山西汾酒集团财务风险评价研究[D]．西安：西安理工大学，2017.

和终止。股东大会可以在其权限范围内将与本计划相关的部分事宜授权董事会办理。①

二、充分明确激励条件

1. 授予条件

对于公司而言，未发生如下任一情形，方可向激励对象进行限制性股票的授予：①最近一个会计年度财务会计报告被注册会计师出具否定意见或者无法表示意见的审计报告；②最近一个会计年度财务报告内部控制被注册会计师出具否定意见或者无法表示意见的审计报告；③上市后最近36个月内出现过未按法律法规、公司章程、公开承诺进行利润分配的情形；④法律法规规定不得实行股权激励的；⑤中国证监会认定的其他情形。②

对于激励对象而言，未发生如下任一情形，方可获授限制性股票：①最近12个月内被证券交易所认定为不适当人选；②最近12个月内被中国证监会及其派出机构认定为不适当人选；③最近12个月内因重大违法违规行为被中国证监会及其派出机构行政处罚或者采取市场禁入措施；④具有《公司法》规定的不得担任公司高级管理人员情形的；⑤法律法规规定不得参与上市公司股权激励的；⑥中国证监会认定的其他情形。③

同时，公司业绩考核条件达标，即达到以下条件：2017年净资产收益率不低于18%，且不低于同行业对标企业50分位值水平；2017年营业收入较2016年增长率不低于30%，且不低于同行业对标企业50分位值水平；2017年主营业务收入占营业收入的比例不低于90%。④

2. 解除限售条件

对于公司而言，未发生如下任一情形，方可对授予的限制性股票进

①②③④ 资料来源：http://stock.cfi.cn/p20181213001306.html。

行解除限售：①最近一个会计年度财务会计报告被注册会计师出具否定意见或者无法表示意见的审计报告；②最近一个会计年度财务报告内部控制被注册会计师出具否定意见或者无法表示意见的审计报告；③上市后最近36个月内出现过未按法律法规、公司章程、公开承诺进行利润分配的情形；④法律法规规定不得实行股权激励的；⑤中国证监会认定的其他情形。[①]

对于激励对象而言，未发生如下任一情形，方可对获授的限制性股票进行解除限售：①最近12个月内被证券交易所认定为不适当人选；②最近12个月内被中国证监会及其派出机构认定为不适当人选；③最近12个月内因重大违法违规行为被中国证监会及其派出机构行政处罚或者采取市场禁入措施；④具有《公司法》规定的不得担任公司董事、高级管理人员情形的；⑤法律法规规定不得参与上市公司股权激励的；⑥中国证监会认定的其他情形。[②]

另外，公司业绩考核要求本计划授予的限制性股票，在解除限售期的3个会计年度中，分年度进行绩效考核并解除限售，以达到绩效考核目标作为激励对象的解除限售条件。本计划授予的限制性股票解除限售业绩考核如下：[③]

第一个解除限售期：2019年净资产收益率不低于22%，且不低于同行业对标企业75分位值水平；以2017年业绩为基数，2019年营业收入增长率不低于90%，且不低于同行业对标企业75分位值水平；2019年主营业务收入占营业收入的比例不低于90%。

第二个解除限售期：2020年净资产收益率不低于22%，且不低于同行业对标企业75分位值水平；以2017年业绩为基数，2020年营业收入增长率不低于120%，且不低于同行业对标企业75分位值水平；2020年主营业务收入占营业收入的比例不低于90%。

---

①②③ 资料来源：http://www.stock.cfi.cn/p20181213001306.html。

第三个解除限售期：2021 年净资产收益率不低于 22%，且不低于同行业对标企业 75 分位值水平；以 2017 年业绩为基数，2021 年营业收入增长率不低于 150%，[①] 且不低于同行业对标企业 75 分位值水平；2021 年主营业务收入占营业收入的比例不低于 90%。

同时，针对激励对象个人层面考核：激励对象个人考核分年进行，绩效评价结果划分为 4 个等级。根据个人的绩效评价结果确定当年度的解除限售比例，个人当年实际解除限售额度 = 解除限售系数 × 个人当年计划解除限售额度，绩效评价中的特殊情况由董事会裁定。

三、科学设计激励方案

1. 激励对象的确定

激励对象包括实施本计划时在任的公司高级管理人员、中层管理人员及核心技术（业务）人员。本计划激励对象不包括监事、独立董事以及由上市公司控股公司以外的人员担任的外部董事。[②]

2. 激励对象的范围

本计划首次授予的激励对象为 397 人，具体包括：公司高级管理人员、中层管理人员及核心技术（业务）人员。预留授予的激励对象参考首次授予的激励对象确定标准。所有激励对象必须与公司或公司的子公司具有雇佣关系或者在公司或公司的子公司担任职务。所有参与本计划的激励对象不能同时参加其他任何上市公司股权激励计划，已经参与其他上市公司激励计划的，不得参与本计划。[③]

3. 标的股票来源

本计划采用限制性股票作为激励工具，标的股票来源为汾酒集团向

---

①② 资料来源：http://www.stock.cfi.cn/p20181213001306.html。

③ 资料来源：http://epaper.zqrb.cn/html/2019-05/29/content_462451.htm？div=-1。

激励对象定向发行 A 股普通股股票。①

4. 标的股票数量

本计划拟向激励对象授予不超过 650 万股限制性股票，约占本计划提交股东大会审议之前公司股本总额 86584.83 万股的 0.75%。其中，首次授予 590 万股，占授予总量的 90.77%，约占本计划提交股东大会审议之前公司股本总额的 0.68%；预留 60 万股，占授予总量的 9.23%，约占本计划提交股东大会审议之前公司股本总额的 0.07%。

本计划中任何一名激励对象所获授限制性股票数量均未超过本计划提交股东大会审议之前公司股本总额的 1%。依据本计划授予的限制性股票及公司其他有效的股权激励计划累计涉及的公司标的股票总量未超过公司股本总额的 10%。②

5. 有效期

本计划有效期自限制性股票首次授予登记完成之日起至激励对象获授的限制性股票全部解除限售或回购之日止，最长不超过 72 个月。③

6. 限售期

自激励对象获授的限制性股票授予登记完成之日起 24 个月内为限售期。在限售期内，激励对象获授的限制性股票予以限售，不得转让、不得用于担保或偿还债务。激励对象因获授的尚未解除限售的限制性股票而取得的资本公积金转增股本、派发股票红利、股票拆细等股份同时按本计划进行锁定。解除限售后，公司为满足解除限售条件的激励对象办理解除限售事宜，未满足解除限售条件的激励对象持有的限制性股票由公司回购。④

7. 禁售规定

本计划的禁售规定按照《公司法》《证券法》等相关法律法规、规

①②③④ 资料来源：http://www.stock.cfi.cn/p20181213001306.html。

范性文件和公司章程执行，具体规定如下：①激励对象为公司高级管理人员的，其在任职期间每年转让的股份不得超过其所持有本公司股份总数的25%；在其离职后半年内，不得转让其所持有的公司股份。②在本计划最后一批限制性股票解除限售时，担任公司高级管理职务的激励对象获授限制性股票总量的20%限售至任职（或任期）期满后，根据其担任高级管理职务的任期考核或经济责任审计结果确定是否解除限售。③激励对象为公司高级管理人员的，将其持有的公司股票在买入后6个月内卖出，或者在卖出后6个月内又买入，由此所得收益归公司所有，公司董事会将收回其所得收益。④在本计划有效期内，如果《公司法》《证券法》等相关法律法规、规范性文件和公司章程中对公司高级管理人员持有股份转让的有关规定发生了变化，则这部分激励对象转让其所持有的公司股票应当在转让时符合修改后的《公司法》《证券法》等相关法律法规、规范性文件和公司章程的规定。①

8. 授予价格

根据本计划授予价格的确定方法，首次授予的限制性股票的授予价格为每股19.28元，即满足授予条件后，激励对象可以按每股19.28元的价格购买公司增发的限制性股票。激励对象获授限制性股票所需资金以自筹方式解决，公司不得为激励对象提供贷款以及其他任何形式的财务资助。②

四、有效实施激励方案

1. 审批与投票

本计划在获得山西省国资委审批通过后提交公司股东大会审议，独立董事应当向所有股东征集委托投票权，并且公司在提供现场投票方式时提供网络投票的方式。本计划经公司股东大会审议通过后，公司应在

①② 资料来源：http://www.stock.cfi.cn/p20181213001306.html。

规定时间内向激励对象授予限制性股票。授予日必须为交易日，并符合相关规定。①

2. 限制性股票的授予

股东大会审议通过本计划后，公司与激励对象签署《限制性股票授予协议书》，以此约定双方的权利义务关系。预留权益的授予方案由董事会确定并审议批准。公司董事会根据股东大会的授权办理限制性股票授予事宜。②

公司在向激励对象授出权益前，董事会应当就激励对象获授权益的条件是否成就进行审议并公告。独立董事及监事会应当同时发表明确意见。律师事务所应当对激励对象获授权益的条件是否成就出具法律意见。监事会应当对授予日及激励对象名单进行核实并发表意见。公司向激励对象授出权益与本计划的安排存在差异时，独立董事、监事会（当激励对象发生变化时）、律师事务所、独立财务顾问应当同时发表明确意见。③

本计划经股东大会审议通过后，公司应当在60日内授予激励对象限制性股票并完成公告、登记。公司董事会应当在授予的限制性股票登记完成后及时披露相关实施情况。若公司未能在60日内完成上述工作，本计划终止实施，董事会应当及时披露未完成的原因，且3个月内不得再次审议股权激励计划。预留权益的授予对象应当在本计划经股东大会审议通过后12个月内明确，超过12个月未明确激励对象的，预留权益失效。④

3. 办理登记结算

公司授予限制性股票前，应当向上海证券交易所提出申请，经上海证券交易所确认后，由证券登记结算机构办理登记结算事宜。⑤

4. 解除限售程序

在解除限售日前，公司应确认激励对象是否满足解除限售条件。董

①②③④⑤ 资料来源：http://www.stock.cfi.cn/p20181213001306.html。

事会应当就解除限售条件是否成就进行审议，独立董事及监事会应当同时发表明确意见。律师事务所应当对解除限售的条件是否成就出具法律意见。对于满足解除限售条件的激励对象，由公司统一办理解除限售事宜；对于未满足条件的激励对象，由公司回购其持有的该次解除限售对应的限制性股票。

激励对象可对已解除限售的限制性股票进行转让，但公司高级管理人员所持股份的转让应当符合有关法律法规和规范性文件的规定。

第五节　中牧实业股份有限公司股票期权案例解读

中牧实业股份有限公司是由中国牧工商（集团）总公司作为独家发起人，以募集方式于 1998 年 12 月 25 日设立的股份有限公司。公司股票于 1999 年 1 月 7 日在上海证券交易所上市。公司集研发、生产、销售、服务于一体，是一所大型动物保健品和动物营养品的生产企业，主打动物保健品和动物营养品，涉及兽用生物制品、兽用化学药品、饲料和饲料添加剂以及贸易四大主营业务板块。

一、确定激励目标，选择激励模式

为进一步建立、健全公司长效激励机制，吸引和留住优秀人才，充分调动公司董事、高级管理人员、中层管理人员及其他核心员工的积极性，有效地将股东利益、公司利益和核心团队个人利益结合在一起，使各方共同关注公司的长远发展，在充分保障股东利益的前提下，按照收益与贡献对等的原则，并根据《公司法》、《证券法》、《上市公司股权激励管理办法》、《国有控股上市公司（境内）实施股权激励试行办法》（国资发分配〔2006〕175 号）、《关于规范国有控股上市公司实施股权激励制度有关问题的通知》（国资发分配〔2008〕171 号）等有关法律法规、规范性文件和公司章程的相关规定，结合公司实际情况选择使用股票期权对员工进行激励。[①]

二、充分明确激励条件

1. 授予条件

对于公司而言，未发生以下任一情形才可以进行授予：①最近一个会计年度财务会计报告被注册会计师出具否定意见或者无法表示意见的审计报告；②最近一个会计年度财务报告内部控制被注册会计师出具否定意见或者无法表示意见的审计报告；③上市后 36 个月内出现过未按法律法规、公司章程、公开承诺进行利润分配的情形；④法律法规规定不得实行股权激励的；⑤中国证监会认定的其他情形。

对于激励对象而言，未发生以下任一情形才可以获授：①最近 12 个月内被证券交易所认定为不适当人选；②最近 12 个月内被中国证监会及其派出机构认定为不适当人选；③最近 12 个月内因重大违法违规行为被中国证监会及其派出机构行政处罚或者采取市场禁入措施；④具有《公司法》规定的不得担任公司董事、高级管理人员情形的；⑤法律法规规定不得参与上市公司股权激励的；⑥中国证监会认定的其他情形。[②]

同时，公司业绩考核条件需要达标，即达到以下条件：授予年份上一年度公司净利润不低于公司前 3 年平均水平，净资产收益率不低于 7.62%，即对标企业 50 分位水平。

2. 行权条件

对于公司而言，未发生以下任一情形才可以进行行权：①最近一个会计年度财务会计报告被注册会计师出具否定意见或者无法表示意见的审计报告；②最近一个会计年度财务报告内部控制被注册会计师出具否定意见或者无法表示意见的审计报告；③上市后 36 个月内出现过未按法

①② 资料来源：http://www.stock.cfi.cn/p20181113001562.html。

律法规、公司章程、公开承诺进行利润分配的情形；④法律法规规定不得实行股权激励的；⑤中国证监会认定的其他情形。

对于激励对象而言，未发生以下任一情形才可以进行行权：①最近12个月内被证券交易所认定为不适当人选；②最近12个月内被中国证监会及其派出机构认定为不适当人选；③最近12个月内因重大违法违规行为被中国证监会及其派出机构行政处罚或者采取市场禁入措施；④具有《公司法》规定的不得担任公司董事、高级管理人员情形的；⑤法律法规规定不得参与上市公司股权激励的；⑥中国证监会认定的其他情形。[①]

同时，公司层面业绩考核要求本计划授予的股票期权，在行权期的3个会计年度中，分年度进行绩效考核并行权，以达到绩效考核目标作为激励对象的行权条件。[②]

各年度业绩考核目标如下：行权期业绩考核目标以2016年业绩为基数，2018年净利润复合增长率不低于6%，2018年净资产第一个行权期收益率不低于8.3%，且上述指标都不低于同行业平均水平或对标企业75分位值，2018年经济增加值指标完成情况达到集团公司下达的考核目标，且ΔEVA大于0。

以2016年业绩为基数，2019年净利润复合增长率不低于6%，2019年净资产第二个行权期收益率不低于8.6%，且上述指标都不低于同行业平均水平或对标企业75分位值，2019年经济增加值指标完成情况达到集团公司下达的考核目标，且ΔEVA大于0。

以2016年业绩为基数，2020年净利润复合增长率不低于6%；2020年净资产第三个行权期收益率不低于9.0%，且上述指标都不低于同行业平均水平或对标企业75分位值，2020年经济增加值指标完成情况达到集团公司下达的考核目标，且ΔEVA大于0。

---

①② 资料来源：http://www.stock.cfi.cn/p20181113001562.html。

另外，个人绩效考核：公司董事会薪酬与考核委员会将对激励对象每个考核年度的绩效考评进行打分，并依照评分结果来确定当年度的行权比例，个人当年实际可行权数量 = 行权比例 × 个人当年计划行权额度。激励对象的绩效评价结果划分为优、良、合格和不合格四个档次，考核评价表适用于考核对象。①

若激励对象上一年度个人绩效考核结果为优/良/合格，则上一年度激励对象个人绩效考核“达标”；若激励对象上一年度个人绩效考核结果为不合格，则上一年度激励对象个人绩效考核“不达标”。若激励对象考核“达标”，则激励对象可按照本计划规定的比例分批次行权，未能行权的部分由公司注销；若激励对象考核“不达标”，则公司将按照本计划的规定，其相对应行权期所获授但尚未行权的股票期权即被注销。②

三、科学设计激励方案

1. 激励对象的确定

激励对象确定为公司（含分公司及控股子公司，下同）的董事、高级管理人员、中层管理人员、核心技术（业务）骨干等（不包括独立董事、监事），共计 273 人，约占公司 2016 年末在册员工总数 4371 人的 6.25%。以上激励对象中，董事、高级管理人员必须经股东大会选举或公司董事会聘任。所有激励对象必须在公司授出股票期权时以及在本计划的考核期内于公司任职并签署聘用合同或劳动合同。③

2. 股票来源

股票来源为公司向激励对象定向发行的 A 股普通股股票。本激励计划拟授予的股票期权数量为不超过 796.6 万股，占本激励计划草案及

---

①②③ 资料来源：http://www.stock.cfi.cn/p20181113001562.html。

其摘要公告日公司股本总额42980万股的1.85%。[1]

3. 行权价格

本次授予的股票期权的行权价格为19.86元/股，即满足行权条件后，激励对象可以每股19.86元的价格购买公司向激励对象增发的公司股票。[2]

4. 行权期安排

本激励计划授予的股票期权自授予日起24个月内为等待期。激励对象根据本激励计划获授的股票期权在等待期内不得转让、用于担保或偿还债务。在行权期，公司为满足行权条件的激励对象办理行权事宜，未满足行权条件的激励对象持有的股票期权作废。[3]

四、有效实施激励方案

1. 拟订股票期权激励计划草案

公司董事会薪酬与考核委员会负责拟订股票期权激励计划草案，并提交董事会审议。

2. 投票表决

公司股东大会在对本计划进行投票表决时，独立董事应当就本计划向所有的股东征集委托投票权，并且公司在提供现场投票方式时提供网络投票的方式。[4]

3. 国资委审核批准

本计划经国务院国资委审核批准、经公司股东大会审议通过，并且符合本计划的考核规定后，公司在规定时间内向激励对象授予股票期权。授予日必须为交易日，并符合规定。

①②③④ 资料来源：http://www.stock.cfi.cn/p20181113001562.html。

4. 股票期权授予、激励对象的行权

公司股东大会审议通过本计划后，公司与激励对象签署《股权激励协议书》，以此约定双方的权利义务关系。公司董事会根据股东大会的授权办理具体的股票期权授予事宜。①

5. 终止程序

公司在股东大会审议本激励计划之前拟终止实施本激励计划的，需经董事会审议通过。公司在股东大会审议通过本激励计划之后终止实施本激励计划的，应当由股东大会审议决定。②

①② 资料来源：http://www.stock.cfi.cn/p20181113001562.html。

| 第五章 |

国有非上市公司中长期激励案例解读

第一节　中材江西电瓷电气有限公司中长期激励案例解读

中国建材集团有限公司（以下简称“中国建材”）直属的中材江西电瓷电气有限公司（以下简称“中材江西电瓷”）作为混合所有制员工持股试点企业，在企业党组织的坚强领导下，严格按照国务院国资委相关要求开展员工持股。共有 86 名骨干员工以自有资金 2248.70 万元设立两个有限合伙公司作为持股平台，对中材江西电瓷进行增资，员工持股平台合计持股 6.23%。开展持股后，激发了企业内生活力，企业综合实力显著增强、主要经济指标平稳增长、社会效益显著提升，同时引领和推动了所在地的产业结构转型升级。2017 年营业收入同比增长 28%，利润总额同比增长 33%，上缴税金同比增长 29%；2018 年上半年，超额实现“时间过半、任务过半”目标，利润总额同比增长 39%。

一、确定激励目标，选择激励模式

中材江西电瓷坚持党对改革试点工作的绝对领导，通过党建工作入章程，明确了党组织在公司治理中的法定地位，确立了党委参与重大决策的途径和方式，实现了公司治理结构与党组织政治核心作用的有机结合，充分发挥了党委“把方向、管大局、保落实”的重要作用。试点工作重大决策均经过党委会事前审核把关，纪检部门加强过程参与和监督，保证持股实施依法合规。在开展员工持股过程中，主要有如下几个目标和任务。一是以完善组织为保障，中材江西电瓷党委班子成立工作组，针对试点工作开展专题调研，了解试点进展、协调解决问题与困难。建立“国资委改革局—中国建材改革办—中材江西电瓷专项工作组”的绿色沟通渠道，上下联动，确保难点重点问题最快得到解决。二是以方案科学为重点，中材江西电瓷党委纪检监察部门全程介入监督中介机构的招标程序，聘请了专业咨询公司、律师事务所、审计机构、评估机构，参与方案制定与实施，中介机构出具的审计报告、评估报告都经过了党委会的审核，以确保真实反映企业财务状况、得出合理的估值，保证国有资产保值增值。持股方案坚持“依法合规、公开透明，增量引入、利益绑定，自愿参与、以岗定股，动态调整、风险自担，全面考虑各种流转、退出路径”等原则。在入股金额及股比设计上，既考虑员工承受能力，防止期待过高借贷入股，又保证国有资本的控股地位。科学合理制定了股权退出机制，在方案的制定过程中多次对股权退出路径进行推演，创新性地引入思维导图工具，将方案由抽象的文字内容变为结构清晰的可视化内容，便于方案的宣贯和修订实施。三是精心开展实施方案，做到公正公开。方案的全部文件在纪检监察部门监督下进行多次多层级宣贯、公示。将持股标准、岗位层级额度等在一定范围内公开、讨论、听取意见，在公司内部公示持股人员姓名与职务。严格履行党委会前置程序，党委会对持股人员名单进行审核，并在公司内部披露党委会对持股人员名单审核及公示情况的说明。坚持党管干部原则，严格按照干部管理流程确定持股岗位和人员名单。

二、充分明确激励条件

中材江西电瓷党委以夯实党建为基础，确保员工持股试点工作在党的领导下稳妥推进，同时，也要保障以公司业务发展为导向的必要条件，将党建工作与开展员工持股试点工作有机融合，开创了“四个一”的工作机制，即“一所”（红领学习所）、“一队”（党员突击队）、“一星”（岗位创星）、“一库”（人才智库）。“一所”以提高党员干部党建理论、专业技术、政策法规等方面的综合素质为方向，同时开展将非党员业务骨干培育成合格的党员、将党员培养成业务骨干的双向培养模式，实现了业务干部懂党务、党务干部懂业务；“一队”以持股员工中的党员为核心人员，成立“骑兵连”突击队、“雄鹰”突击队，发挥党员和业务骨干双重身份的表率作用，勇挑急、难、险、重任务，确保保质保量完成生产经营任务；“一星”以“岗位创星”为抓手，明确划分党员责任区，发挥党员表率作用，带动非党员骨干，不断提高安全生产、管理服务效率；“一库”以中材江西电瓷为“龙头”，22 名电瓷领域专家顾问助力，为产业发展提供人才和智力储备，确保思想和行动始终同党中央保持高度一致。

三、科学设计激励方案

在推进员工持股改革试点工作中，中材江西电瓷党委充分发挥央企理念新、党建强、产业大、品牌优等优势，建立与非公党建共建的工作机制，以“央企党建带非公党建”为突破口，以“电瓷产业联盟”为依托，做到理念联享、产业联动和品牌联建，带领电瓷行业实现“党旗红、产业兴、发展强”的多赢局面。在激励机制设计过程中，党组织充分发挥领导作用，协调非公股东，积极引入积分制管理机制，通过积分制管理的正能量导向优势充分调动了员工的积极性和主人翁精神。探索实行涵盖管理和技术骨干人员的超额利润奖励办法等，健全了市场化的业绩考核评价体系与劳动人事分配制度，形成管理人员可高可低、员工可进可出、收入可增可减的市场化机制，① 为企业的健康持续发展提供了新的动力。

---

① 贺佳雯．新一轮国企员工持股潮[J]．中国经济信息，2016(10)：5－8.

四、有效实施激励方案

中材江西电瓷坚持党的领导，从完善制度建设入手，用制度保障党建工作的有效落实，健全了公司章程、议事规则、管理制度、体系文件等工作制度和流程，完成了以授权和精细考核为核心的组织机构调整及高管人员分工。以市场为导向推动实施了组织机构扁平化优化方案，成立了营销中心等七大中心的组织机构，重新开展了“三定”（即定岗、定编、定员）工作，调整了组织架构，引进了优秀的管理人才。完善了岗位考核竞聘等人力资源管理体系，制定了21位领军人物战略责任体系。开展业务骨干岗位公开竞聘，共有70人参与竞聘，选聘主管和主管助理56人。调整了市场销售策略和奖惩办法。

第二节　诚通国贸公司中长期激励案例解读

中国诚通国际贸易有限公司（以下简称“诚通国贸公司”）是中国诚通控股集团有限公司（以下简称“中国诚通”）于2013年9月，为顺应国际国内市场形势和产业发展需求，实现“双千亿”战略目标，在杭州成立的大型综合贸易服务企业，是中国诚通所属贸易板块的骨干企业，是探索推进混合所有制改革和市场化选聘职业经理人等的综合试验区。

一、确定激励目标，选择激励模式

设立之初，诚通国贸公司注册资本1亿元，其中，中国诚通占70%，诚通国贸公司13位自然人股东占30%。2017年9月，诚通国贸公司进行了第一次增资扩股，将公司注册资本金从1亿元同比例增资到2亿元，同时设立公司职工持股平台，将原自然人部分股份转让至持股平台，实现员工持股。当前公司股权结构为中国诚通仍占70%，原自然人股东占18%，职工持股平台占12%，持股总人数达到104人，占公司全体员工的60%。

自成立以来，诚通国贸公司一直立足杭州，深耕华东五省一市，辐射全国，并与40多个国家开展了贸易往来，产品涉及钢铁、煤炭、有色金属、化工和农产品等十余个板块，并对在国有资本运营试点背景下开展员工持股进行了有益尝试，积累了一定的经验。

在当前国资国企改革的大背景下，诚通国贸公司为更有效地激励员工，选择采取员工持股的方式。员工持股能够引起广泛关注并得到认同，主要是因为员工持股制度本身具有与时俱进的时代性和优越性，能使员工成为公司的股东，享有相应的权利，使资本所有者和劳动者的利益捆绑在一起，形成利益共同体，同时也更直接地激发了员工参与企业经营管理的动力和活力、积极性和创造性，从而有效地提升了经营效益和质量。

二、充分明确激励条件

从当前推行的员工持股计划来看，员工持股制度总体上起到了激励约束的作用，但也有一些企业，不管自身是否适合实施员工持股制度，也生搬硬套或机械履行。盲目地进行员工持股，不仅不能发挥员工持股的优越性，反而会成为企业发展的阻碍，[①] 甚至出现暗箱操作和利益输送等违规行为，造成国有资产的流失，需要引起高度关注。因此，需要明确以下要求：

一是要把握好员工持股制度的适用范围。党的十八届三中全会提出“允许混合所有制经济实行企业员工持股”，国务院《关于国有企业发展混合所有制经济的意见》中明确提出：稳妥推进主业处于充分竞争

① 廖红伟，杨良平．国有企业改革中的员工持股制度分析——基于交易成本理论的视角[J]．江汉论坛，2017(9)：24－30.

行业与领域的商业类国有企业混合所有制革新；有效探索主业处于重要行业以及重要领域的商业类国有企业混合所有制改革；引导公益类国有企业规范地开展混合所有制改革。由此可见，主业处于充分竞争行业的商业类国有企业是现阶段最适合积极发展混合所有制的企业，也是适合实行员工持股制度的企业。同时，还应考虑到企业规模大小对员工持股制度实施效果的影响。普遍来讲，对于中小型企业，因总股数相对较小，开展员工持股计划应能对职工起到非常好的激励作用。①

二是把握好员工持股的适用对象。一般来讲，企业实行员工持股制度应当面向全部员工，让全部员工共同享有企业革新发展的成果。但是，现阶段我国国有企业及员工持股制度仍然处于摸索和试点阶段，按照当前中央和国务院有关规定，同时结合混合所有制企业的实际情况，员工持股的重要对象应是对企业持续发展与经营业绩有重大影响的高层管理人员、业务骨干以及科研人员等，待时机成熟时再面向全部员工。这样的规定，既考虑了职工对企业的贡献度，也考虑了员工的经济承受能力，既可以稳定地激励企业关键岗位的骨干员工，又可以很好地避免制度在实施中发生的不确定性或因人员流动对普通员工造成不利影响。②

三、科学设计激励方案

要设计好激励方案，首先要把握和处理好员工持股的流转问题。员工持股制度的优越性体现在将为企业供给的劳动与员工的资本这两种生产要素有机结合起来，使得员工能参与企业的利润分成并共同承担风险，形成利益捆绑，实现员工与企业利益诉求的统一，从而对员工形成一种长期有效的激励。所以，要确保员工持股的激励作用，需对员工持股有

①② 廖红伟，杨良平．国有企业改革中的员工持股制度分析——基于交易成本理论的视角［J］．江汉论坛，2017(9)：24－30.

一个较为合理的时限设定，[①] 当前我国国有企业普遍的规定是3~5年，有的是8年，特别是对高层管理者的规定更为严格，在最低年限内不得转让其所持有股份。另外，还要对员工所持股份的价格确定、股权流动、股权退出等制定科学的、具有前瞻性的规则，确保股权激励约束的有效性，防止员工持股成为福利投资，防止出现股权外流或被恶意收购的现象。

四、有效实施激励方案

国有企业股权单一或过度集中，很容易在“人民—国家—政府—投资运营机构—国有企业”众多委托代理环节中，出现因为所有者权属不清的问题造成“搭便车”的现象。国有企业通过实行员工持股制度，引入企业员工成为股东，能够从一定程度上改善国有企业产权结构单一的缺陷，有利于明确国有企业各利益相关主体之间的权利、义务和责任，减少企业各主体之间因相互扯皮而产生的消耗，更好地激发持股管理层和骨干员工的工作积极性、主动性，较好地解决因权属不清而出现的“搭便车”问题。

委托代理理论认为，企业所有者或委托人与职业经理人或代理人之间存在信息不对称，彼此利益关注点存在差别，委托人比较重视公司的长期发展以及价值最大化，而代理人追求薪酬最大化，所以利益冲突在所难免，可能会出现代理人为了过度追求个人薪酬而损害企业或所有者利益的现象。通过对企业持续发展与经营业绩有直接或较大影响的经营管理人员、业务骨干和科研人员等企业员工实行持股计划，让企业员工特别是经营管理人员成为企业的股东，甚至是企业产权所有者，把企业和员工的利益“捆绑”在一起，使企业员工在主动参与企业经营管理

① 廖红伟，杨良平．国有企业改革中的员工持股制度分析——基于交易成本理论的视角[J]．江汉论坛，2017(9)：24－30.

活动的同时更好地关注企业的长远发展，从而有效减少机会主义行为，改善委托代理问题，通过利益共享、风险共担，最大化发挥委托人与代理人效用，促进企业健康发展。

实施员工持股，可以有效把握经营风险，提高盈利能力和运营效率。国有企业股东单一或过度集中带来的最大风险就是在经营管理过程中，看似人人负责，其实最终无人负责，同时存在决策效率低下或盲目决策、风险防范薄弱或自作主张、企业权属不清、约束激励不到位等，造成企业运营效率不高、经营质量偏低。在国有企业中实施员工持股制度，可以将员工的利益与企业的利益“捆绑”起来，实现激励与约束相结合。员工股东比较清楚一个事实，就是当企业的经济效益增长时，他们对应的收益也会随之增长，在这种情形下，企业员工会有足够的动力去积极工作并激发出自己的创造力，使企业的经营效益有所提升，同时企业员工对企业长远发展产生不利的行为也会进行约束，[①] 从而有效解决企业运营效率低下的问题。

第三节　胜利油田森诺公司中长期激励案例解读

胜利油田森诺公司工程有限公司（以下简称“森诺公司”）的前身是1994年6月成立的胜利石油管理局建设项目经济技术评估咨询公司。森诺公司于2004年11月完成改革，更名为胜利油田胜利评估咨询有限公司，成为独立的第三方工程咨询企业。

改革以后，森诺公司以改制分流、主辅分离为发展契机，业务规模迅猛飙升。急速发展的森诺公司得益于多方面的推动，其中持续开展的管理创新活动是主要推动力，而“影子”股份在多项管理创新活动实

---

① 廖红伟，杨良平．国有企业改革中的员工持股制度分析——基于交易成本理论的视角[J]．江汉论坛，2017(9)：24－30.

践中表现最为突出。[①]

一、确定激励目标，选择激励模式

森诺公司属于技术服务公司，为保障公司可持续发展，专注做好工程技术服务，明确要求公司在中长期发展中成为国内一流技术服务公司。

在对森诺公司的“影子”股份确定目标时充分考虑了本企业的行业特点、中长期发展目标以及可持续发展所涉及的关键资源的需求。森诺公司“影子”股份的激励目标主要有以下三个。

第一，将公司的中高层管理人员与核心技术骨干人员的利益与公司的中长远利益及发展目标紧密挂钩，激励他们为公司创造长期价值并追求公司的持续发展。

第二，吸引和保留关键人才，通过“影子”股份方案的实施可以体现个人经济与事业的双重成就感，提高人才忠诚度，使其在为社会和公司创造价值的同时，将森诺公司作为个人实现价值的平台。

第三，完善公司治理结构，促进公司决策科学化、管理规范化、发展有序化。

二、充分明确激励条件

中国石化集团公司执行国务院国资委的统一政策，落实中央指导文件精神，并出台了改制分流的操作细则。据此细则，森诺公司积极完成了改制，原公司员工参加改制后成为原始股东。管理层根据企业规模量化部分激励股，其他的员工不论能力大小、岗位如何，补偿金额的确定一律以员工的工龄为基数，并转换成公司股份。因工龄比较相近，基本上形成了按人头平均的产权结构，在拆解了“大集体”后又产生了

---

① 姜传胜. 实施“影子”股份,优化产权结构[J]. 中国工程咨询,2009(2):37-40.

“小团体”。[①]

公司要发展就要不断地吸引各类资源持续加入，而这种“小锅饭”显然限制了公司的发展。

从行业角度看，技术服务公司的人力资源是知识成果的承载者和创造者，他们对公司的发展起到举足轻重的作用。流失一位重要的员工就意味着流失了核心知识，也意味着流失了重要客户。因此，相对于传统产业，“人的因素”特别是核心员工，在技术服务行业中更加重要。咨询公司必须破解的一道难题就是“怎样稳定核心员工”。在森诺公司的发展进程中，核心员工起到了关键作用。首先，知识的创新与积累就是这种关键作用的体现。其次，提高和维护客户忠诚度离不开核心员工，尤其是公司管理层。如何能够吸引人才、留住人才，成为森诺公司面临的困境之一，而实行恰当的激励措施正是留住人才的有效方式。针对核心员工的激励问题，原始股红利、职位晋升、薪酬激励是森诺公司最初的主要激励手段。这些激励措施要么是固定的，要么是当期的，而森诺公司缺少的是一副沉甸甸的“金手铐”。谈到“金手铐”，大家首先想到的是期权，而股权能够进行市场定价和交易是期权激励的前提，这样的条件森诺公司显然不具备。因此，“影子”股份就成为森诺公司在充分明确激励条件后用来稳定核心员工、进行长期激励的可行选择。[②]

“影子股”（Shadow Stock）是员工持股的一种方式。20 世纪 60 年代初，美国著名律师路易斯·凯乐索首先提出员工持股计划。劳动资本化是员工持股计划的核心主张，而“影子股”提供给了员工一条凭自己的技术、劳动、知识分享利润的途径，与出资购买股份有着本质不同。“影子股”实质上就是员工持股计划。[③]

森诺公司在公司章程中明确要实行“影子股”，并规定要由董事会

---

①②③　姜传胜．实施“影子股”，优化产权结构[J]．中国工程咨询，2009(2)：37－40.

拟定实施方案，再提交到股东大会进行讨论决定。尽管在国内“影子股”的应用还不多见，可资借鉴的操作经验极少，但森诺公司董事会在调查、征求员工意见的基础上还是推出了“影子”股份方案，并经股东大会讨论通过。①

三、科学设计激励方案

“影子”股份方案的主要内容有如下几方面。

1. 方案的目的

为努力调动员工积极性，强化公司的竞争优势，实现公司的战略目标，决定对公司员工实施“影子”股份进行激励。

2. 发放的对象

公司全体员工（包括：业务人员和管理人员，股东员工以及非股东员工）。

3. 发放的方法

对于管理人员，是否能取得股份奖励决定于企业经营额的增长率。因为公司处于业务扩张时期，所以不是用利润增长额而是用经营额增长率作为激励依据。当额定增长率高于经营额增长率时，管理人员不享有“影子股”激励；而当经营额增长率高于额定增长率时，超出经营额的部分按一定比例用于“影子股”奖励。在年末，通过绩效评价体系，管理层按绩效比例享有“影子股”收益。公司管理人员的主要任务是开拓市场，与之对应的战略分解目标包括对分管部门提供的服务、客户关系的维护和销售额的增长。森诺公司对应于这三个子目标，设置了两类考核指标：一是分管业务的增长率；二是岗位职责的履行情况。②

对于咨询人员，从当年的绩优员工每年的税后利润中提取一定比例

---

①② 姜传胜．实施“影子”股份，优化产权结构[J]．中国工程咨询，2009(2)：37－40.

作为“影子”股份奖励。每年进行一次评定，通过咨询人员的绩效评价体系，按照得分排序名单来确定，直接进行量化分配。公司咨询人员的任务是提供咨询成果，做好项目并强化知识积累是咨询人员的主要目标。以此为指导，设置了三类考核指标：一是团队绩效的考核；二是项目绩效的考核；三是创新绩效的考核。①

4. “影子”股份的权利

“影子”股份与其他股份一样参与利润分红，但是没有投票权和表决权，无法继承、带走、转让和买卖，在持有的下一年才具有分红权。“影子”股份可以转成实际股份，但要求持股员工持有后在公司连续服务满 8 年，其转成实际股份后拥有与其他股份相同的权利。若持有人在持有后 8 年内离开公司，“影子”股份自动失效。②

5. “影子”股份的特点

特点一：“影子”股份最突出的特点是知识资本化（即劳动资本化）。分配依据是以员工的能力与贡献来推进知识资本化。不论哪位员工，只要能力强、对公司的贡献大，不需要出资购买公司股份就可以获得收益。为了在操作层面上确保“知识资本化”，此方案发放依据为量化的年度工作绩效。③

特点二：具有长期激励作用。“适量多次”为“影子股”的发放方式：为避免激励不足或过度，“影子”股份的额度不能过多或过少，应当适量控制；为避免一次奖励终身受益，奖励不应一次性，而应每年一次。同时，若“影子”股份持有人在持有后 8 年内离开公司，“影子”股份自动失效，并无法继承、带走、转让和买卖。“影子”股份的“金手铐”特征就是这种限制性权利所赋予的。总之，“适量多次”的发放方式和限制性权利，发挥了“影子”股份的长期激励约束作用。④

---

①②③④ 姜传胜．实施“影子”股份，优化产权结构[J]．中国工程咨询，2009(2)：37－40.

6. 需要解决的几个问题

（1）不断完善计件绩效标准，克服各种劳动量化的难题。

员工持股实践的基础是绩效考核，而员工劳动量化标准的制定和完善就是考核工作的最大难题。在员工劳动量化标准的制定与完善过程中，各种矛盾与问题层见叠出。森诺公司就是依靠科学的工作方法、坚持走群众路线以及耐心地做思想政治工作，不断完善了公司劳动量化标准。

（2）为形成员工持股资本化制度需解决工种和岗位增加问题。

多年来的实践探索使森诺公司逐步完善了员工持股资本化制度。在探索初期，森诺公司的人员少、工种少、专业少，体系比较简单，主要任务是做好员工（原始股东居多）的思想工作。随着公司的发展，专业化分工越来越精细，工作岗位越来越多，在原有结构框架上新增了业务部门管理人员和市场营销人员。其中部分行政管理部门经理人员的作用越来越大，也应纳入员工持股激励范围。公司在实践中不断探索和完善、丰富和改进员工持股分配办法，使之适应公司的发展要求。经过多年努力探索，公司于2009年出台了《森诺公司智力资本化暂行管理办法》，形成了针对公司领导、部门管理人员、专业技术人员、市场营销人员、行政管理人员的员工持股分配办法，公司的员工持股资本化进入了制度化的新阶段。①

（3）合理平衡原始股东与员工新股东的利益关系。

员工持股改革以来，森诺公司员工持股人数共有200余人，员工持股在总股本中所占比重越来越大，对原始股份造成了较大稀释。考虑到原始股东的利益，公司于2008年进行了增资扩股，原始股东以原比例增资扩股。这使得原始股能够与员工持股保持合理的比例，原始股东的利益受到了更好的保障，进而更加积极地支持公司的持续改革。这种尝

① 姜传胜．实施“影子”股份，优化产权结构[J]．中国工程咨询，2009(2)：37－40.

试也为森诺公司今后解决类似问题积累了宝贵经验。①

四、有效实施激励方案

森诺公司董事会于2005年通过“影子”股份方案。2006年初，董事会对业务人员和管理人员进行了绩效测评，将年度工作绩效进行量化，根据绩效结果分配“影子”股份，提交股东大会后通过并实施。由于前期准备较充分，方案设计合理，程序透明公正，整个实施过程比较顺利。之后每年森诺公司继续发放“影子”股份。②

1. 全体员工备感压力和动力

原始股东对“影子”股份的感受是既有压力也有动力。如果存在“搭便车”的想法，很容易导致绩效考核成绩不好，股份就会相对变小；如果考核绩效好，那么股份反而会扩大。对于非原始股东员工，“影子”股份是敞开的股权大门，激励作用显而易见。对于公司核心管理人员，他们所分管业务的经营额增长幅度对于其绩效测评至关重要，这增强了他们开拓市场的决心和动力。③

2. 全面推进公司可持续发展

2006年至今，公司营业收入年增长率保持在两位数以上，业务规模迅速扩大。同时，公司不断拓展业务领域，在深化传统业务的同时，积极拓展新领域，为石油企业提供全方位服务，服务项目已经从最初的评估评价咨询，拓展到了油气勘探开发。④

3. 为公司快速发展提供人才保障

“影子”股份通过产权纽带将个人与公司联为一体，发挥了极大的激励作用。该种方法不仅留下人才，而且吸引人才，使得员工队伍迅速壮大，公司已从2006年初的45人发展到当前的620余人，为公司发展

---

①②③④ 姜传胜. 实施“影子”股份，优化产权结构[J]. 中国工程咨询，2009(2)：37-40.

提供了充足的人力资源保障。[①]

"影子股"的实施主要带来以下启示。

(1) 为国企改制企业解决"小锅饭"问题提供参考。

按照中央的统一部署，国务院国资委下属的100多家中央企业都进行了改制分流，这是一项庞大的改制工程。国企改制的一系列政策措施是中共中央、国务院作出的重大战略部署。这种改制政策引发的产权结构变化具有普遍性。因此，森诺公司的"影子"股份实践在实际改制企业中具有普遍的借鉴意义。通常国企改制企业的产权优化方式是增资扩股，以资本实力进行股权稀释，效率与公平存在一定程度的失衡。森诺公司的"影子"股份实践具有"劳动资本化"特征，以贡献和能力为依据，员工不需要投入资本，只要工作出色就会得到"影子股"。绩效量化考核体系以公司战略的分解目标为导向，覆盖公司的主要业务环节，从而把产权激励延伸到每一个员工，最大限度发挥产权的终极激励作用。因此，"影子"股份能够兼顾效率与公平，不失为国企改制企业优化产权结构的可行选择。[②]

(2) 为智力型企业提供中长期激励手段。

对咨询公司、高科技公司等智力型企业而言，森诺公司的"影子"股份实践最具有重要的借鉴和指导意义。智力型企业的共同特征是知识密集、智力密集，人才至关重要，知识与资本抗衡，甚至能够超越后者。通过实施"影子"股份，能够较好地协调两者关系，实现知识与资本的强强联合，资本为知识提供产权路径，知识为资本提供快速增值。而以知识经济为特征的21世纪，知识与人才的作用将会日益突出，类似"影子股"的员工持股方式必定会得到进一步完善和发展。[③]

---

①②③ 姜传胜．实施"影子"股份，优化产权结构[J]．中国工程咨询，2009(2)：37－40.

第四节　贵州能投中长期激励案例解读

贵州天然气能源投资股份有限公司（以下简称“贵州能投”）成立于2013年7月，是贵州省唯一覆盖上游非常规天然气勘探开发、中游天然气液化存储及管道建设、下游天然气综合利用的全产业链一体化大型国有企业，是由贵州省国资委控股并主导的贵州省天然气能源投资平台与龙头企业，是贵州省混合所有制优秀示范型企业。贵州能投依据政府的优势和贵州省区域资源的优势，在贵州省内外投资页岩气、煤层气及相关能源资源的勘探、开发、加工及综合利用，积极投资输气管网、液化（压缩）天然气相关项目、汽车加气站的建设与运营，同时提供城市燃气输送、生产供应，城市燃气工程设计、施工、维修等。

根据中共中央、国务院《关于深化国有企业改革的指导意见》（中发〔2015〕22号），国务院国资委、财政部、证监会《关于印发〈关于国有控股混合所有制企业开展员工持股试点的意见〉的通知》（国资发改革〔2016〕133号）以及贵州省国资委《2016年深化国有企业改革试点方案》（黔国资通改革〔2016〕83号）要求及《公司法》等有关规定，为建立适应公司快速发展需要的高级管理技术人才和关键岗位管理技术人才队伍激励机制，实现公司总体战略目标和年度经营任务，结合公司实际，特制定公司员工持股试点总体方案。

公司按照“二级法人三级管理”模式，实行事业部制，分三个业务板块建设营运管理：第一业务板块为勘探开发事业部，负责非常规天然气勘探开发的投资建设、营运管理。目前下设贵州煤层气能源开发有限公司、六盘水能源投资开发有限公司（以后根据业务发展和对外合作再组建相应的合资公司）。第二业务板块为销售利用事业部，负责天然气储运、管网、城市燃气的建设及营运管理，中游配送体系包括LNG、CNG母站，城市燃气建设及营运管理。目前下设贵州天然气储运有限公司、天然气综合利用公司（以后根据业务发展和对外合作再组建相应的合资公司）。第三业务板块为贵州省非常规油气资源工程研究中心（省级工程研究中心），负责公司上、中、下游业务技术支持与相关工程技术研究工作，技术业务逐步面向国内和覆盖全省。

贵州能投作为贵州省天然气平台型企业，积极贯彻执行省委、省政府提出的“气化贵州”的路线方针，利用自身的平台优势以及全国领先的技术团队，充分整合省内外优势天然气资源，有效地开发和利用贵州省乃至全国的非常规天然气资源。

一、确定激励目标，选择激励模式

在持股员工范围（激励对象）的确定上，为保证激励目标顺利落地，参与持股人员应为在关键岗位工作并对公司经营业绩和持续发展有直接或较大影响的科研人员、经营管理人员和业务骨干，且与本公司签订了劳动合同。具体为：

（1）公司高管，即党委书记、董事长、总经理、副总经理、总工程（经济、会计）师；

（2）高管助理，即总经理助理、人力资源总监、副总（经济、会计）工程师；

（3）公司总部各职能部门负责人，即各职能部门正副部长及部长助理；

（4）权属公司负责人，即正副总经理及总经理助理；

（5）管理技术业务骨干，即公司总部经济技术类主管、权属公司经济技术类部门主任（项目经理）。

另有虽不满足上述全部条件但公司股东会认为确有必要进行激励的其他人员。公司股东会拥有公司激励对象的资格认定权，激励对象名单须经公司股东会审批，并经公司监事会核实后生效。按 133 号文规定：地方党委、政府及其部门、机构任命的国有企业领导人员不得持股。外部董事、监事（含职工代表监事）不参与员工持股。如直系亲属多人在同一企业时，只能一人持股。

二、充分明确激励条件

在持股方式的选择上，由符合条件的持股员工发起，新成立有限合伙制企业（持股平台公司）代持股员工持有股权，有限合伙制企业（持股平台公司）章程及合伙人持股（分红、配股）管理办法等管理制度另行制定。持股平台公司不得从事除持股以外的任何经营活动。

员工持股总量原则上不高于总股本的30%，单一员工持股比例原则上不高于公司总股本的1%。此次试点改革中，员工持股总量为2016年公司财务审计和资产评估总资本价值25亿元的2%，即5000万元。公司员工持股总股本5000万股（股票价格为1元/股），4000万股用于2016年员工持股；预留总股本5000万股的20%（即1000万股）由持股平台公司代持，用于公司今后新引进人才。

三、科学设计激励方案

符合持股条件员工，公司根据岗位（职务）、任职资格状况、季（年）度绩效等因素，分配股权的比例。

公司高管持股比例为总股本4000万股的45%～52%。

公司高管助理持股比例为总股本4000万股的4%～7%。

公司职能部门负责人持股比例为总股本4000万股的6%～10.5%。

权属公司负责人持股比例为总股本4000万股的15%～22.5%。

管理技术业务骨干、公司总部经济技术类主管、权属公司经济技术类部门（项目部）主任（经理）等业务骨干持股比例为总股本4000万股的6%～8%。

员工持股改革难点主要在于：①由于股本总量较大（5000万元），

符合持股条件员工缺乏资金购买股权，需要探索有效渠道和方法予以解决。②公司要按市场化经营管理运行和实现可持续发展，受到内外部因素影响。

员工持股保障措施包括：①按《公司法》规定，尽快形成有效制衡的公司法人治理结构、灵活高效的市场化经营机制。②各股东方对公司实行战略管控或财务管控，即监督公司规范运行、实现资产保值增值和完成利润目标。这需要各股东方持续不断在政策、管理等方面支持公司及经营管理团队按市场化原则抓好经营管理工作，推进公司持续发展。

四、有效实施激励方案

在股份认购环节，员工股份认购按照股权总额的分配比例逐步（分三期）认购，当年认购股份参加当年分红。第一期（方案实施当年）认购股份总额的30%，第二期（公司再次增资扩股前）认购股份总额的30%，第三期（公司整体上市前）认购股份总额的40%。因个人原因，员工可书面申请放弃全部股份认购或放弃部分股份认购。

对员工股权管理应注意以下几个方面：

（1）股权管理主体。

持股平台公司代表持股员工行使股东权利，维护持股员工合法权益。

（2）股权管理方式。

公司各方股东就员工股权的日常管理、动态调整和退出等问题协商一致，并通过公司章程或股东协议等予以明确。制定员工股权激励方案的有效期、授权日、可行权日、禁售期。规定激励对象在获得所授股权之日起3年内，不得转让该股权；禁售期满，激励对象所持股权可以在公司股东间相互转让，也可以按照本方案约定，由公司回购，激励对象签订股权转让协议书。

（3）股权的授予和行权条件规定。

激励对象获授分配股权必须同时满足业绩考核条件（完成或超额完成年度净利润）和绩效考核条件［激励对象上一年度绩效考核良好（百分制得分 80 分及以上）及以上］。

（4）股权变动、流转和收回。

①岗位（职务）变动时持股员工因岗位（职务）变动要调整持股股权比例。②员工因工作业绩优秀而岗位（职务）提升的，按提升岗位（职务）持股比例分配额度核增持股股权；员工因工作业绩较差而岗位（职务）降级的，按降级岗位（职务）持股比例分配额度核减持股股权；因公司工作需要，组织调整员工岗位（职务），其持股比例按调整后岗位（职务）对应的持股比例分配额度核定持股股权。③正常离开公司：持股员工因辞职、调离、退休、死亡或被解雇等原因离开本公司的，在 12 个月内将所持股份进行内部转让，转让给持股平台公司、符合条件的员工，转让价格由双方协商确定。④非正常离开公司：持股员工违反国家法律法规，被追究刑事责任的，公司按原值收回股权；违反竞业限制在公司竞争企业兼职或就职的，违反竞业限制自行开办竞争企业的，公司按原值收回股权；违反公司章程的，公司按原值收回股权；因个人原因，违反约定的服务年限辞职离开公司的，公司按原值收回股权。员工股权分配、股权变动流转和绩效考核办法另行制定。

在股权分红环节。公司应处理好股东短期收益与公司中长期发展的关系，合理确定利润分配方案和分红率。公司根据发展需要和实现利润情况，适时制定分红收益方案报董事会审议同意后，由持股平台公司按规定组织实施。

在破产重整和清算环节。员工持股企业破产重整和清算时，持股平台公司、国有股东和其他股东应以出资额为限，按照出资比例共同承担责任。

第五节　海康威视中长期激励案例解读

杭州海康威视数字技术股份有限公司（以下简称“海康威视”），最早为国有持股51%的混合所有制企业。海康威视成立之初，仅有来自中国电科第52研究所的28位员工，发展至今已成为在全球员工超过26000人（其中研发人员和技术服务人员超过13000人）的国际领先高新技术企业。

一、确定激励目标，选择激励模式

作为高新技术企业，海康威视在激励约束机制实践中自有一套逻辑和方法，项目跟投就是其中之一。2015年9月，海康威视出台《核心员工跟投创新业务管理办法》。通过实施项目跟投实现激励，将股东利益、公司利益和员工个人利益有机结合，实现公司持续、健康发展。建立核心员工从职业经理人向合伙人转变的机制，激发核心员工创新创业激情。设立创新业务子公司，创新业务将会以公司形式运行，员工可通过跟投间接持有创新业务子公司的股权或股权增值权。[①]

二、充分明确激励条件

可以参与跟投的核心员工原则上必须是公司的高管，或者对公司整体业绩和持续发展有直接影响的管理人员、核心技术人员和骨干员工，且必须是全职员工。参与跟投的员工分为两大类：一类是出资跟投的核心员工，通过认购跟投平台（有限合伙企业或有限责任公司）的份额或股权来间接持有创新业务公司的股权；另一类核心员工无须出资，可获得跟投平台的股权增值权。无疑，出资跟投的员工是级别更高、更为

① 资料来源：http://www.cfi.net.cn/p20150908001540.html。

关键的人才，而股权增值权主要是让跟投方案可以覆盖到更多员工，平衡公司的价值分配体系，且持有股权增值权的员工在满足一定条件后，可以转化为股权。其中，出资跟投的员工又会分为两类：A 类是海康威视或其全资子公司或创新业务子公司的中高层管理人员和核心骨干，他们必须强制跟投各类创新业务，形成共创共享、风险共担的局面；B 类是创新业务子公司的部分核心员工，他们可跟投自己参与的某一特定创新业务。

三、科学设计激励方案

在激励总量上，对每一个创新业务子公司，海康威视均持有 60% 的股权，保证控股地位，员工跟投的平台持有 40% 的股权。在个量分配上，亮点是跟投平台每年都会增资，增资的部分会重新分配给所有核心员工，所以跟投平台的员工持股比例每年都会有调整，表现优秀者在股权份额上可以后来居上，懈怠者即使初始份额高，后续无法获得增资的股权，总体持股比例也会被稀释。

海康威视对参与跟投的员工的约束主要体现在任职时间上，参与跟投的员工，无论是持有股权还是股权增值权，都需要为公司再服务不少于 5 年（从参与跟投之日起算）。对于创新业务，激励收益中具有较大吸引力的是增值而非分红。例如，如果创新业务子公司发展壮大，符合独立上市的条件的，海康威视会优先考虑支持其上市，[①] 那样核心员工持有的原始股收益会非常可观。海康威视也会视创新业务的具体发展情况，考虑进行整体回购，回购的价格为公允价格。公允价格优先参考 12 个月内外部投资者投资创新业务子公司时的估值确定，如果没有外部价格，会聘请独立第三方进行评估。

除非经跟投方案管理委员会特殊认定，否则一旦员工从公司离职，

① 资料来源：http://www.cfi.net.cn/p20150908001540.html。

其所持有的跟投平台的股权或股权增值权都必须转让给平台指定的主体。在退出时，如果员工持有的是跟投平台的股权，且退出时满足5年任职约束条件，退出价格按照公允价值计算；若不满足5年条件，退出价格为每股出资额或最近一期经审计的创新业务子公司的每股净资产两者中较低者。若员工持有的是跟投平台的股权增值权，且退出时满足5年任职约束条件，则按照退出时的创新业务公司的公允价值计算增值收益；若不满足5年条件，视为员工自动放弃股权增值权，公司不做任何补偿。

当前，海康威视共设立了杭州海康机器人技术有限公司、武汉海康存储技术有限公司等6家创新业务子公司，均严格按照海康威视持股60%、跟投平台持股40%等股权比例分配。跟投平台均为有限合伙企业，普通合伙人（GP）均由海康威视投资管理有限公司担任。而跟投的核心员工则通过认购中建投信托成立的资产管理计划份额持有跟投平台的股权。其中，成立较早的两家创新业务子公司——杭州海康汽车技术有限公司和杭州海康机器人技术有限公司已经完成增资，实现了激励份额的动态调整。

四、有效实施激励方案

海康威视项目跟投能够顺利开展，与其完善的决策和管理体系密不可分。股东会、董事会及执行管理委员会各司其职、密切配合，具体如下：

1. 股东大会审批事项

①跟投方案的基本原则、跟投业务范围；②公司与跟投平台的总体持股比例；③跟投业务子公司的独立上市事项；④批准涉及整体或部分回购员工持有的跟投业务子公司股权的事项。

2. 董事会审批事项

①制定《核心员工跟投创新业务管理办法》；②属于董事会审批权

限范围内的投资、担保、关联交易等事项；③授权董事会下设的薪酬与考核委员会代表公司董事会负责管理跟投业务子公司员工跟投方案，并选任（解聘）公司“跟投方案执行管理委员会”成员负责日常持股计划的管理与执行；④授权跟投方案执行管理委员会制订、修改、决定《核心员工跟投创新业务管理办法实施细则》。

3. 执行管理委员会审批事项

跟投方案执行管理委员会负责员工跟投方案的执行和日常管理，下设“跟投管理小组”辅助日常工作。执行管理委员会审批下述事项：①制订、决定《核心员工跟投创新业务管理办法实施细则》；②批准股权和股权增值权的授予方案；③负责员工离职、辞退、工伤、宣告失踪、死亡、继承、退休等特殊情况下员工持股股权或权益的处置；④员工个人的股权或股权增值权授予安排；⑤聘请第三方机构对跟投业务子公司进行估值或以其他合理的方式确定公允价格；⑥负责持股平台日常管理与监督，包括办理设立、变更、注销手续、文档管理等。

同时，跟投平台也会定期增资，随时调整股权动态。持股员工进退有序，离开企业的人员因不再是该企业员工而不再持有股权，新进人员可以获得股权，真正实现让符合条件的员工持有股权，持续调动骨干员工的积极性、主动性和创造性，防止股权固化，影响激励效果。[①] 根据海康威视《核心员工跟投创新业务管理办法》，原则上跟投平台每年按一定的比例进行增资，增资部分的股权根据特定规则重新分配给所有核心员工，同时员工离职时需转让其持有股权。跟投平台增资部分的股权将根据公司考核依据重新分配给核心员工和新进员工，可见跟投平台将逐步成为员工持有跟投业务子公司股权的动态管理工具。

---

① 资料来源：http://www.cfi.net.cn/p20150908001540.html。

第六节　泸州老窖中长期激励案例解读

A 公司为泸州老窖股份有限公司（以下简称“泸州老窖”）三级子公司，自 2016 年开始筹划组建，于 2017 年 6 月注册成立，是由泸州老窖牵头组建的以新型鸡尾酒运作为主的混合所有制企业。A 公司贯彻落实国家供给侧改革方针，主动适应新消费需求，在数百年中式白酒酿酒历史基础上，主动建立与年轻消费群体沟通的创新机构。

一、确定激励目标，选择激励模式

1. 选择试点企业

在试点对象选择上，泸州老窖在认真研究分析的基础上，在众多子公司中选择了战略创新业务板块的初创公司——A 公司作为此次员工持股试点的对象。因初创公司具有人员结构简单、业务开展单一、团队干事创业的氛围较为浓厚 、无历史遗留问题等先天优势，在开展员工持股过程中相对容易操作，在思想认识上不会出现阻碍试点工作开展的情况。

2. 明确持股目标

面对日益错综复杂、竞争日趋激烈、风险挑战不断、消费层级持续变革的国际、国内酒精饮料行业新形势，企业经营机制的转换、运行效率的提升以及人才的激励约束和长期用留将成为当下和未来一段时间制约公司健康可持续发展的重要因素，亟待从新的出发点和落脚点系统思考、量化设计、统筹兼顾，全面稳妥解决好企业长期发展和人才长效激励约束的新问题，综合来看，探索实施员工持股计划是契合公司发展实际不可多得的快捷方式，对公司健康可持续发展至关重要。

选取战略创新业务板块的 A 公司作为此次员工持股试点企业，是公司在传统白酒存量市场外做大新型酒精饮料增量市场的重要历史举措，承载着公司对未来年轻消费群体酒精饮料品饮习惯的深度把握和精准布局，而发展新型鸡尾酒对公司而言是全新的领域、全新的理念、全新的市场、全新的产品，更加迫切需要企业采取全新的方式吸纳人才、留住人才、激励人才，实现员工利益和企业利益的绑定，形成命运共同体和利益共同体。而在此时选择开展员工持股将更加有利于充分激发关键岗位人才在研制新产品、拓展新市场、探索新模式中的积极性和创造性，吸引关键专业领域的人才积极投身企业的经营发展中，以关键岗位人才的持股和长效激励约束机制的建立为重要突破口，快速、有效地开创支撑企业战略转型升级和持续创新的新天地，促进广大优秀人才和企业共同健康可持续发展。

3. 明确改革思路

一是以市场化为重要抓手和关键核心。要让参与混改的企业自主在市场上寻找战机、觅得果实，利用混合所有制企业本身的优势开拓进取、自担风险、自负盈亏，所有的收益都来自企业集团外，将市场化的理念贯穿到企业的日常经营管理之中。

二是以构建利益共同体和命运共同体为出发点和落脚点。通过混合所有制企业员工持股，充分调动和激发广大员工干事创业的积极性和创造性，从而进一步加强企业与员工的联系，以国有企业的资源控制力撬动民营企业在开拓新业务上机动灵活、敢打敢拼的先天优势，实现优势互补、风险共担、成果共享的新经济发展机制。

三是以做强做优做大为根本目标和使命宗旨。以混合所有制企业员工持股为契机，抢抓国家“供给侧结构性改革”“一带一路”“高质量发展战略”等重大战略机遇，积极主动融入全球酒精饮料行业发展变革的新阶段，助推企业战略创新业务板块迅速做大做强市场规模，主动适应和引领以中式白酒为基础的新型酒精饮料行业向更深次和更高水平发展。

二、充分明确激励条件

1. 积极条件

①持股员工必须是与公司签订劳动合同的正式员工；

②持股员工应当是对公司发展有重大影响的员工，如一定职级（譬如总监）以上的员工；

③持股员工应当是虽然未达到一定职级，但是其所在岗位对公司发展具有重大影响的员工，如公司系销售型公司，对公司销售业绩有突出贡献的员工可以认定为此类员工。

其中条件①为必备条件，条件②、③为择一选择的条件，即员工在满足条件①且满足条件②或满足条件①且满足条件③时，即满足员工持股积极条件。

2. 消极条件

具有下列条件之一的员工，不得持股，或者不得重复持股。

①省委、省政府和地方党委、政府及其部门、机构任命的国有企业领导人员不得持股。

②外部董事、监事（含职工代表监事）不参与员工持股。

③直系亲属多人在同一企业的，只能一人持股。[①] 关于直系亲属，员工持股规则中虽然未直接给出界定，但是根据《最高人民法院关于贯彻执行〈中华人民共和国民法通则〉若干问题的意见（试行）》（法（办）发〔1988〕6号）第十二条规定："民法通则中规定的近亲属包括配偶、父母、子女、兄弟姐妹、祖父母、外祖父母、孙子女、外孙子女。"

---

① 资料来源：湖南省人民政府国有资产监督管理委员会、湖南省财政厅、中国证券监督管理委员会湖南监管局：《关于印发〈湖南省国有控股混合所有制企业开展员工持股试点的实施细则（试行）〉的通知》，2018年。

三、科学设计激励方案

持股方案设计上严格按照“以岗定股”的基本原则，以爱岗敬业为导向，将岗位和业绩紧密挂钩，特别将关键技术岗位、管理岗位和业务岗位人员纳入持股范围，重点倾向高级管理人员、销售管理人员、骨干员工。针对岗位价值和职级贡献不同设计持股比例，设置了股权流转和退出机制以确保股随岗定、人离股转，主要体现在以下几个方面：

一是坚持以岗定股，兼顾层级价值。为全面体现员工基本素质和岗位贡献大小，此次员工持股结合公司实际设置了体现员工基本素质的“基本股”，体现职级贡献的“职级贡献股”，体现岗位价值的“岗位价值股”，并针对不同类型的股份设置了不同的分配比例。

二是业绩条件苛刻，付出方有收获。针对不同岗位的持股人员设置了不同的业绩条件，只有在公司年度目标达成后且个人业绩考核在60分以上的才具有分取红利的资格，业绩不达标的岗位人员不得参与分红。

三是七年分期解锁，绑定长期回报。本次员工持股设置了长达36个月的禁售期，而董事和高级管理人员为48个月的解锁期。解锁期内按照25%的比例匀速解锁。员工若想兑现全部持股份额，需要在未来84个月内均为公司服务，并达成公司和个人的业绩要求。这样，公司形成了长效激励约束机制，也杜绝了持股后员工出现一次性套现的短期行为，有助于公司留住高素质人才和核心骨干。

四是合理预留股权，吸引优秀人才。考虑到实施员工持股后，公司拟进一步发展酒类创新业务，并与新引入战略投资者开展深度合作，本次员工持股计划相应设置了8.67%的份额作为预留股权，拟用于授予本次混改后公司引入的在酒类产品研发设计、推广销售等业务领域具有专长的新员工。上述安排有助于公司吸引外部高素质人才，实现人才结构与业务结构相互匹配、同步转型，助力公司主营业务发展，实现跨越式增长。

五是统一平台持股，体现民主管理。由合伙制企业作为员工持股平台统一持有员工股份，组建由全体持股员工组成的员工持股会负责股权具体管理事宜，强化持股平台执行事务合伙人的法律责任，形成员工持股股份民主管理与法制管理相结合的良好格局，促进股权管理健康可持续运转。

四、有效实施激励方案

严格按照国家、省、市相关法律法规规范开展员工持股工作，深度把握和化解持股工作系统性风险，把风险控制理念嵌入员工持股工作的每一关键环节。在化解当前风险挑战的同时更加注重解决持股员工及相关工作人员的后顾之忧，主要体现在以下几个方面：

一是加强政策研究，确保合法合规。组建政策研究工作组，针对员工持股涉及的国家、省、市等政策系统研究、量化梳理，并且积极主动与相关职能部门沟通以做好政策咨询和解释工作，确保在政策方面“吃得透、把得严、用得准”，最大限度地确保持股工作合理、合法、合规开展。

二是加强沟通解释，准确把握隐患。针对员工关心和关注的问题和难点，由公司党组织和工会做好解释和沟通工作，积极主动把握持股过程中可能阻碍持股工作的人为因素，将风险隐患一一识别出来，做到分门别类、稳妥解决。

三是强化法律评审，化解系统风险。聘请经验能力突出的律师事务所作为法律顾问，牵头组织法律评审工作，针对容易出现法律风险的环节和部分提早预防、整体设计、系统解决，针对关键事项进行法律鉴证，以提高系统性风险化解的质量和水平，确保整个持股工作健康、快速、有序推进。

第七节　中国电器院中长期激励案例解读

中国电器科学研究院股份有限公司（以下简称“中国电器院”）始建于1958年，1999年转制进入国机集团，是一家集科研开发、检测认证和成果产业化于一体的国家级创新型企业。2016年12月，中国电器院被纳入国务院国资委首批10户员工持股改革试点范围。中国电器院坚持“公开、公平、公正”操作原则，建立起“共创、共享、共担”市场化机制，大大增强了员工的信心和凝聚力。

一、确定激励目标，选择激励模式

中国电器院先后调研走访华为、万科、海康威视等各种所有制的先进企业，在客观总结集团内外部企业员工持股经验教训的基础上，结合自身实际，确立了打造“共创、共享、共担”的持股目标。

1. 员工持股管理方面

（1）形成大股东组织、员工参与、多方监督的员工持股管理方案的优化机制。

（2）广泛听取各方意见建议完善方案，为员工持股管理方案的持续优化奠定基础。

2. 员工持股分配方面

（1）围绕企业改革发展方向，摒弃“官本位、分福利”思想。

（2）改变传统思维，股份分配向企业发展贡献大的核心业务板块和员工集中。

3. 员工持股动态调整方面

（1）落实“以岗定股，股随绩调”的改革理念，调动员工的积极性、主动性。

（2）制度化设计形成员工持股年度动态调整、差异化奖惩、离职员工强制退出等机制。

二、充分明确激励条件

中国电器院采取多种方式推进改革工作，让企业全体员工深刻了解改革目的和意义，充分发表意见建议，统一思想，凝聚共识，从以下方面明确激励条件：

1. 依托民意调查把握改革动向

（1）改革试点申报前，以无记名问卷调查方式进行意愿调查，了解职工对公司开展员工持股的意愿和期望。

（2）方案制订前，通过对核心骨干员工进行实名问卷调查，掌握骨干员工的出资意愿和出资能力，保证改革方案可操作、能落地。

2. 核心制度文件广泛征求意见

（1）中国电器院制定《员工持股管理办法》核心制度文件，先后三次征求董事会、经理层、中层干部、职工代表意见，经多次修改完善。

（2）经中国电器院党委、总经理办公会、董事会、职工代表大会审议通过后颁布实施。

3. 改革政策文件宣贯解释充分到位

成为试点企业后，国机集团迅速组织召开员工持股试点启动大会，集团主要负责人出席会议，亲自部署工作，重点宣贯133号文件[①]精神。

（1）中国电器院先后在三个产业基地召开员工持股改革座谈会、离退休支部领导座谈会和离退休职工大会，进行改革政策宣贯并征求意见建议。

---

① 资料来源：《关于印发〈关于国有控股混合所有制企业开展员工持股试点的意见〉的通知》（国资发改革〔2016〕133号）。

（2）《员工持股管理办法》获批后，中国电器院面向全体员工，先后组织多场会议进行文件解读和问题解答，使各方充分理解改革要求、准确把握改革要点。

三、科学设计激励方案

中国电器院始终坚持以促进企业高质量、可持续发展为前提，以员工对企业的贡献为导向，“公开、公平、公正”实施股份分配，强化员工与企业“共创、共享、共担”。

1. 在持股人员范围确定方面

（1）打破股权份额与行政职务挂钩的传统思维，采取经营管理人员与科研及业务人员“双线条”设计。

（2）向业务条线人员适度倾斜，把对公司未来发展影响大、与业绩关联度高、可替代性低的核心骨干作为持股激励的重点对象。

2. 在股份总体分配方面

（1）针对企业各业务板块业绩差异大的实际，中国电器院按各板块的业绩贡献和战略重要程度、各板块人才对企业业绩贡献大小分配持股份额。

（2）分板块核定持股人数和持股数量，由各板块负责板块内员工股份的再分配，最后经公司统筹平衡、协调沟通，保证员工股份分配的总体公平合理。①

3. 在个人股份认购方面

（1）员工整体参与持股积极性较高，高管全部按照集团及董事会核定持股份额范围的下限认购。

（2）将部分认购份额让渡给员工，以进一步吸引更多的优秀员工

① 冯芸清．员工持股混改后中国电器院走出瓶颈期[N]．第一财经日报，2018－02－05.

与企业实现利益绑定。

4. *在员工股流转方面*

（1）坚持“股按岗定，岗变股变，股随绩调，人离股退”原则。

（2）强化动态管理，并形成一整套股份分配、调整及管控的机制。

（3）制定股份强制退出、股份转让限制制度，确定年度动态调整转让价格。

（4）实现员工持股“能高能低，能进能出”，确保员工股份与岗位和个人业绩紧密挂钩，形成可操作性的股权内部流转和退出机制，避免持股固化僵化。①

四、有效实施激励方案

（1）通过改革，员工整体的思想观念发生较大转变，参与持股的业务骨干中坚层，由过去的被动接受外部监管转变为主动自我约束，参与企业经营管理的积极性大大提高。

（2）过去是单纯完成上级分配的任务，现在是“撸起袖子加油干”；过去开会是被动听指令，现在是主动刮起“头脑风暴”，充分讨论寻找解决办法；过去是购买设备与个人无关，现在是投资前反复思量必要性，因为每一分钱都有 1/4 是自己的钱；过去各业务部门每年的经营目标定得较低，改革后，除了考核值，各部门还积极申报争取值，最高的甚至高出 175%。②

（3）各业务板块自下而上地形成了“资源共享、携手共赢”的新模式，不但积极主动地通过多种方式共享行业信息，发现商机，在推广自身业务时，更突出中国电器院整体竞争力，员工干事创业的热情被进一步激发。

---

① 苏宇吉，丁浩．国有企业如何开展员工持股[C]．上海法学研究（集刊），2019，2（2）：284－288.

② 温源．员工变股东让国企变了个样儿[N]．光明日报，2018－01－31.

第八节　欧冶云商中长期激励案例解读

欧冶云商股份有限公司（以下简称“欧冶云商”）由中国宝武钢铁集团有限公司于2015年2月发起设立，是国内贸易流通体制改革和两化融合创新示范企业，注册资本33.3亿元。截至2018年6月末，欧冶云商总资产119亿元，在册员工人数959人。2017年5月，欧冶云商以资产评估值为基础，在上海产权交易市场公开挂牌，引入本钢集团、首钢基金、普洛斯、建信信托、沙钢集团和三井物产6家战略投资者（合计持股23%，其中非公资本持股18%），共引入资金8.66亿元。首批入股骨干员工共计126人，员工出资采取认缴方式，持股比例合计5%，共计1.88亿元，且均以现金出资。

一、确定激励目标，选择激励模式

在激励初期，首先明确以下激励目标：

（1）根据自身成立时间短、注册资本大的特点，充分考虑员工有效激励及资金承受能力等实际情况，结合员工持股方案坚持“风险共担、利益共享”的原则，明确持股员工按照实际出资额度享有权益、承担风险，持股方案得到了员工、各股东方和资本市场的认可。

（2）深入开展员工宣教和风险提示，即员工“自愿投资、自主决策、自担风险”。公司提前对全体具备参与资格的员工开展了员工持股的投资风险教育，充分保障员工的知情权和选择权。

（3）推进员工持股与企业利益有效捆绑，增强员工对企业未来发展的信心。在吸引并留住人才上发挥了有效作用，并增强了不同背景外部战略投资者对欧冶云商的信心，提升了资本市场影响力。

（4）探索员工持股的有效方式，在企业发展的高度不确定性与员工利益合理保障之间努力寻求平衡，充分考虑权责对等，有效兼顾相关方诉求和利益，实施可操作性的员工持股方案，使员工与企业实现共赢。

（5）企业尚未实现盈利且预期还需要一段战略培育期，在首轮混改中仍然实现可观的溢价估值，而且未来还将通过生态圈优质资源的持续导入，进一步提升国有股东价值，壮大国有资本。

二、充分明确激励条件

在激励过程中，重点保证以下激励条件落实：

（1）建立市场化的董事会决策机制。欧冶云商按混改后新的股权结构组建新一届董事会，董事会由9名董事组成，其中3名为集团外股东委派。

（2）按照同股同权原则，发挥员工持股团队在公司治理中的作用，使其意见和建议在公司治理层面能有效传递。

（3）在员工持股试点过程中，发挥组织优势，确定公司改革发展方向。通过各种活动，宣贯员工持股的重要意义，从风险辨识、预案编制、员工沟通等方面把工作做细做实。

三、科学设计激励方案

在方案设计方面，重点注意以下事项：

（1）严格履行国有资本投资公司职责，从国有资本监管的角度，制定集团层面的《员工持股管理试行办法》，从制度上规范管理员工持股事宜。

（2）从产业孵化培育角度出发，通过构建绩效驱动型战略执行体系，指导和帮助欧冶云商优化内部经营机制，结合其业务拓展里程碑等指标实施工资总额管理。

（3）打造“小前台、大中台”的网络型组织架构体系，不断强化中后台运营管控能力，提升一线营销服务能力，实现管理的高效扁平化、服务的高度灵活性。

四、有效实施激励方案

在方案实施环节，主要注意以下事项：

（1）在员工持股方案设计和实施过程中，应加大管理变革力度，突破传统观念和以往管理模式，通过绩效管理落实战略目标。

（2）为尽快实现“挑战自我、跑赢大盘、追求卓越”的经营目标，在线下物流基础设施建设、钢厂端交易模式创新和多维度信用体系构建等方面形成差异化竞争优势，在营销成本降低、营销渠道拓展和产品溢价销售等方面，为平台各钢企创造了最优价值。

（3）快速推进重点产品规模和盈利能力提升，强化生态圈赋能，提升渠道营销和产品管理能力，推进产品经理制和品类经理制，探索“阿米巴”等创新管理模式。

第九节　中外运化工中长期激励案例解读

中外运化工国际物流有限公司（以下简称“中外运化工”）是招商局集团下属物流板块四级企业，成立于 2002 年 3 月，业务范围涵盖供应链管理、国际物流、国内物流等。近年来，中外运化工凭借完善的资源布局、化工品全生命周期供应链管理服务能力、全国危险品应急处置网络等核心竞争优势，逐步发展壮大。

一、确定激励目标，选择激励模式

“让想干事的人有机会、能干事的人有舞台、干成事的人有地位有待遇”“唯才是举，真才必用”是中外运化工物流人才理念的核心。

中外运化工员工股权激励对象不仅包括领导班子、总经理助理、部门经理等管理层，还包括具有“工匠精神”的普通员工，充分体现了“广泛”二字，冲破一般企业以管理团队和领导班子为主的激励范围。

通过员工持股，使员工成为企业的主人并参与企业经营，充分体现和贯彻了公司的人才理念。

在物流这一市场竞争激烈的领域，企业要想发展壮大，需要有能力、有干劲、有业绩的“工匠”员工。中外运化工坚持的“效果论”用人机制，使一大批德才兼备的人才脱颖而出。中外运化工骨干人员和中层管理人员平均年龄在35岁左右，已经成为企业发展的栋梁。因此，方案的主要激励目标是进一步激发、调动“工匠”员工的工作热情、增强其主人翁责任感，同时也要给予公司的“栋梁”实实在在的经济利益。

二、充分明确激励条件

2016年9月，根据国务院国资委下发的《关于中央企业开展员工持股试点有关事项的通知》有关要求，招商局集团高度重视，股东全力支持，经过反复研究和筛选确定，中外运化工作为集团员工持股试点唯一单位，上报国务院国资委审批。最终，中外运化工凭借股权多元、总资产适中、公司发展状况佳等优势，于2016年12月从5万余家中央所属企业中脱颖而出，成为全国10家央企员工持股试点企业之一。

在国务院国资委、集团和公司股东们的指导和帮助下，中外运化工严格遵照《关于中央企业所属10户子企业开展员工持股试点的通知》的要求，从方案设计到运营实施，按照内容全面、准确合规、程序完备、开放透明的原则稳步推进。公司员工踊跃参与，最终选定公司部门经理及以上级别人员和“工匠”员工共167名，以现金方式增资扩股，持有公司20%的股份。中外运化工按照既定的时间计划率先完成了员工持股试点相关工作。

三、科学设计激励方案

1. 员工持股模式

中外运化工采取定向增资方式实施员工持股，由员工认购新增注册资本，本次并未同步引入新的战略投资人。

2017 年 5 月，中外运化工注册资本由 3988.7838 万美元增加至 4985.9797 万美元，新增部分由公司员工进行定向认购。

2. 员工持股后的股权结构

中外运化工在定向增资引入员工持股后，股权结构如图 5 - 1 所示。

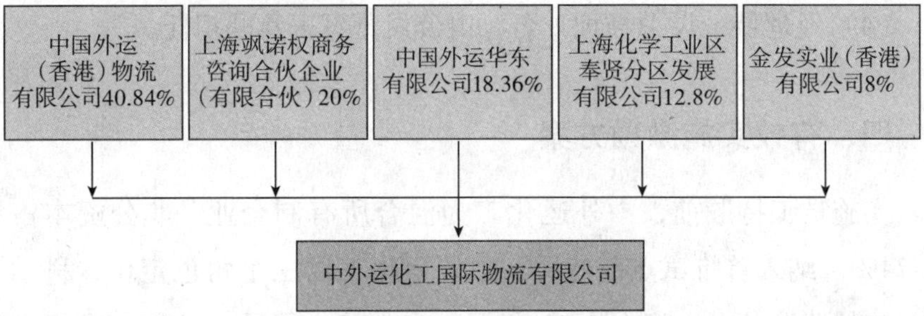

图 5 - 1　股权结构

3. 员工持股计划

（1）中外运化工员工踊跃参与员工持股，最终选定部门经理及以上级别人员和“工匠”员工共 167 名，占整个中外运化工总数的 41.75%，合计持有公司 20% 的股份。

（2）员工持股价格按照资产评估报告的结果确定，员工按照投后估值 55625 万元认购中外运化工 20% 股权，员工共计支付购股款 11125 万元，认购中外运化工新增注册资本 997.1959 万美元。

（3）中外运化工员工通过两级有限合伙企业平台间接持有公司 20% 股权。一级持股平台为上海飒诺权商务咨询合伙企业（有限合伙），二级持股平台为 5 家有限合伙企业，上述持股平台的执行事务合伙人均由上海飒诺权企业管理有限公司担任，上海飒诺权企业管理有限公司对外承担无限连带责任，其他合伙人以出资额为限承担有限责任。

4. 公司治理结构

中外运化工治理结构如下：

（1）股东会：为公司最高权力机构，由所有股东组成。

（2）董事会：成员共 10 名，其中，上海化学工业区奉贤分区发展有限公司提名1 人，金发实业（香港）有限公司提名1 人，员工持股平台提名1 人，其他7 名董事人选均由中国外运（香港）物流有限公司提名，通过股东会选举产生。

（3）监事会：中外运化工不设监事会，设监事 1 人。

（4）经理层：设总经理 1 名，由公司董事王笃鹏担任。

四、有效实施激励方案

实施员工持股前，中外运化工为混合所有制企业，非公资本占比 42. 74%。纳入首批试点范畴后，中外运化工以三个角色定位，科学实施员工持股，共引入资金 1. 11 亿元，有效稳定了员工队伍，升级了产品服务，完善了体制机制，全方位助推发展质量不断提升。

一是以员工持股为人才的“聚宝盆”，有效稳定核心队伍。通过实施员工持股，全面完善激励机制，中外运化工对骨干人才的吸引力大幅提升，核心队伍持续稳固，人才“聚宝盆”的虹吸作用逐步显现。2017 年，公司离职率为 12%，同比降低 8 个百分点；尤其是持股的骨干员工，2018 年上半年，167 名持股员工离职 3 人，半年离职率仅为 1. 79%。

二是以员工持股为创新的“助推手”，全面升级产品服务。实施员工持股后，中外运化工的创新意识和创新能力全面增强，不断实现产品创新和服务创新，取得了一系列优秀创新成果。外运新快线产品设备创新获得多项专利，危化品智能无人仓全国首发，西安仓储基地、朗盛慈溪仓库等高端精品工程相继实施，推动中外运化工产品结构逐步向高端化方向发展。凭借创新的方案设计和服务内容，中外运化工连续多次受到客户的肯定和嘉奖。

三是以员工持股为改革的“催化剂”，持续完善体制机制。员工持股实现了企业员工股东身份的转变，进一步完善了激励约束机制。作为股东，公司业绩的持续提升成为员工的“分内之事”，员工主人翁意识大幅增强。

第十节　中茶公司中长期激励案例解读

中国茶叶股份有限公司（以下简称“中茶公司”）成立于1949年，是世界500强之一中粮集团有限公司（COFCO）成员企业，是新中国成立后首家由中央批准成立的全国性专业总公司。中茶公司集茶叶种植、生产、加工、研发、销售、文化推广于一体，在福建、云南、广西、湖南、浙江等地建有多家大中型生产企业和原料基地，是中国茶叶行业重要的企业之一。

中茶公司通过“公司+供应商+农户”运营模式进行茶园建设，拥有可控茶园七万亩，主要业务是普洱茶、黑茶、乌龙茶、白茶、花茶、六堡茶等主要茶叶品类的生产销售，在国内茶叶主产区拥有十余个生产基地。

一、确定激励目标，选择激励模式

中茶公司激励目标是以“各茶类取得行业第一地位”为总要求，争取全面完成战略升级优化各项目标。同时尽快完善股权结构，提升董事会工作水平。

董事会作为中茶公司治理结构的核心，是公司重大经营和投资决策、内部控制体系设计和运行有效性的关键，董事会的科学有效运作关系到中茶公司长远发展及股东的切身利益。因此，中茶公司将从公司治理、战略规划、决策提升、风险控制等方面认真准备，进一步提升董事会决策水平。

二、充分明确激励条件

2016 年 8 月，国务院国资委、财政部和证监会联合发布《关于印发〈关于国有控股混合所有制企业开展员工持股试点的意见〉的通知》(国资发改革〔2016〕133 号，以下简称“133 号文”)，拉开了国有企业员工持股试点改革的序幕。

中粮集团作为央企系统内首批实施国有资本投资公司改革试点企业之一，根据下属各专业化公司所属经济行业的特点并结合各专业化公司业务发展所处的阶段，经内部遴选确定，将中茶公司作为中粮集团申请实施员工持股试点企业并于 2016 年 9 月向国务院国资委提交了申请报告。

2016 年 11 月，国务院国资委正式批准中茶公司成为首批实施员工持股试点的 10 户央企子企业之一。2016 年 12 月 20 日，中茶公司混合所有制改革暨员工持股试点改革工作正式启动。[①]

三、科学设计激励方案

1. 股权结构方面

中茶公司通过大比例引入厚朴、国寿资管、中粮农业产业基金、中信农业产业基金、三井物产 5 家外部投资机构（合计占比 45%），原大股东中粮集团持股比例由原有的 100% 大幅降至 40%，在解决“一股独大”方面做出了重要突破，更为重要的是，本次混改还大比例实施了员工持股计划（占比 15%），有效建立了利益共享、风险共担的长效激励与约束机制。

① 资料来源：http://www.eeo.com.cn/2018/0827/335640.shtml。

2. 公司治理方面

公司在股东大会、董事会方面完全按照现代企业制度进行了全方位改造，并通过市场化聘用包括总经理在内的高管团队，对公司的运营管理机制进行了全面的市场化改革。

3. 员工持股方面

中茶公司严格履行133号文的规定要求，择优确定纳入员工持股计划的人员范围，以外部投资方投资入股的价格作为员工投资入股中茶公司的价格，使持股计划员工与外部投资方同价入股。①

（1）员工入股方式。

员工入股资金由入股员工自筹解决，中茶公司及其国有股东没有向员工提供任何形式的担保和借款，保证员工以市场化方式参股企业，避免将员工入股的体制改革变成向员工变向发福利的待遇调整，将员工利益与企业发展捆绑在一起。②

（2）员工持股范围。

本次员工持股试点工作中，中茶公司员工持股范围不仅包括总部领导班子、总经理助理、部门骨干，还包括各业务单位经营班子及核心骨干，合计140余人。项目组通过方案设计，定人定额测算以及多轮员工沟通，激发了员工的认购热情，实现了极高的认购比例，进而推动员工持股方案高效稳妥落地。③

（3）员工激励方式。

公司对员工持股计划设置了动态激励机制。例如，在本次激励计划外预留部分员工持股份额作为后续的激励基础，让出于各种原因未能纳入此次激励计划的优秀员工和在企业后续发展中业绩突出的员工在企业上市前能够参与员工持股计划进而得到激励奖励，等等。④

---

①②③④ 资料来源：http://www.eeo.com.cn/2018/0827/335640.shtml。

四、有效实施激励方案

混合所有制改革和员工持股计划实施给中茶公司带来了新模式、新机制、新氛围，全方位激发了创新意识，提高了创新能力，开启了企业发展新篇章。

一是聚焦主业、重组整合，实现商业模式创新。中茶公司积极听取战略投资者和持股员工代表的建议，以促进企业中长期发展为战略目标，不断优化业务结构，创新商业模式，促进企业发展效率和质量明显提升。

二是精简机构、合理放权，实现管理机制创新。截至 2017 年底，中茶公司总部职能部门由 9 个缩减到 8 个，人员由 160 人缩减到 60 人，职能部门经理人缩减至 20 人，公司总部的管理效率和发展活力全面提升。

三是优化流程、改善作风，实现文化氛围创新。中茶公司实施混合所有制改革和员工持股后，充分发挥不同股东相互制约、相互监督、相互促进的公司治理结构优势，对企业文化和工作氛围进行改善创新。发布《新中茶文化十条》，形成以“顾全大局、求真务实、从严治企、厉行节俭”为核心理念的新时期中粮文化，提升企业软实力；积极发挥战略投资者的监督作用和员工的主人翁精神，营造新的工作氛围，使“高效协同、包容开放、自我革新、业绩至上、执行有力、担当负责、品牌引领、品质取胜、求真务实、从严治企”的理念深入人心，成为全体员工共同遵守的行为准则，提升企业发展效率。

第十一节　泛亚航运中长期激励案例解读

上海泛亚航运有限公司（以下简称“泛亚航运”）是中远海运集装箱运输有限公司下属企业，成立于 2004 年 5 月，主要从事中日航线、内贸航线、台湾航线、国内支线在内的中国近洋集装箱运输业务，国内铁塔、拖车等延伸服务业务以及航运电商平台业务。泛亚航运积极响应国务院国资委政策精神，稳步开展员工持股试点工作，坚持试出成效、试出特色，努力形成可复制、可推广的经验。2017 年 6 月 29 日，泛亚航运员工持股顺利完成。

一、确定激励目标，选择激励模式

泛亚航运确定的激励目标是实现国有资本、民营资本与员工紧密融合，培育形成差异化竞争优势，全面释放发展活力，有效提升发展质量，打造内贸航运领军企业。泛亚航运选择的激励模式是员工持股试点。

二、充分明确激励条件

泛亚航运激励手段是职业经理人持股和员工持股，从而以国家的相关政策法规为依托，明确激励条件。

三、科学设计激励方案

泛亚航运坚持员工持股与战略规划相协同、员工持股与三项改革相协同、员工持股与职业经理人改革相协同的激励方案。

四、有效实施激励方案

1. 坚持员工持股与战略规划相协同，培育差异化竞争优势

泛亚航运积极推进员工持股与战略规划相协同，制定了通过产品、服务创新，培育差异化竞争优势的发展战略。公司内贸航线重点通过打造个性化服务产品，确保承诺时间精确到小时，巩固提升客户口碑。开设了南沙至营口“头等舱”服务，承诺运输时间精确到小时，全面树立行业标杆；推出华北三港至珠江 5 个驳点的“U 航速运”，全程仅需

7 天，相比竞争对手交货期缩短 2 天，实现业内最快交货，进一步培育了企业新的竞争优势。

2. 坚持员工持股与三项改革相协同，有效提升发展效率

为了契合员工持股后新的所有权结构和经营管理特点，泛亚航运同步开展了人事、劳动用工和考核分配三项制度改革，进一步提升员工持股工作成效。一是进一步完善了企业市场化用人机制和分配机制，打破了原有的“铁饭碗”和平均分配思维，基本实现“收入能增能减、干部能上能下、员工能进能出”，进一步强化激励约束。二是有效建立了员工和企业之间的利益共享机制，促使员工的主人翁意识全面提升，对成本控制和创效能力的意识显著增强，职能部门间的横向协调更积极主动，全员思想都统一到“企业效益最大化”的目标上，企业发展效率全面提升。三是高效的体制机制保障了企业经营业绩稳步增长。近年来，内贸航运行业外部竞争激烈，下行压力巨大。面对严峻的发展形势，泛亚航运通过员工持股和三项制度改革，充分调动广大员工的冲劲和斗志，进一步释放了产能。

3. 坚持员工持股与职业经理人改革相协同，全面释放发展活力

泛亚航运在实施员工持股、建立完善公司治理结构的基础上，有序开展职业经理人制度改革，通过薪酬和股权的双重吸引和完善的约束监管机制，进一步放大职业经理人改革成效。一是通过对职业经理人选拔机制、聘用机制、绩效管理、薪酬激励、退出管理五个方面要素改革，逐步实现职业经理人市场化、聘任制、契约化管理，促进企业领导人员从“同纸任命”“一体管理”向分类分层管理转变，进一步优化了经理层人员结构。二是通过实施职业经理人“一岗一契约，一年一考核”政策，充分放大激励和约束作用，真正起到职业经理人“引进高端人才、搞活一家企业”的带动作用和辐射效应。三是泛亚航运管理层更关注企业中长期发展和持续盈利能力的提升，积极发挥战略研讨会、战略发展委员会、专项小组的作用，有效做好企业战略的顶层设计，职业

经理人团队带头营造积极向上、奋发有为的工作氛围，进一步发挥了公司体制机制优势，增强企业发展活力。

第十二节　中铁设计中长期激励案例解读

中铁工程设计咨询集团有限公司（以下简称“中铁设计”）是中国铁路工程集团有限公司所属三级企业，于2004年由原铁道专业设计院、北京铁路局北京勘测设计院等单位重组改制设立，是智力、技术、知识高度密集的人力资本型企业。作为中央企业首批10户员工持股试点单位之一，中铁设计紧抓机遇、审慎分析、依法合规、稳妥推进，通过活用员工持股，进一步优化了体制机制，促进企业发展不断取得新的成效。

一、确定激励目标，选择激励模式

中铁设计将员工持股与企业战略规划相结合，根据持股员工和战略投资者的期望与要求，对企业中长期发展战略与规划进行重新研究与调整，有效发挥其导向和约束作用，充分体现员工持股的改革成效。一是提出新的发展思路，更加注重质量效益。提出了“巩固市场地位、提升综合实力、提高发展质量”的总体思路，要求企业以习近平新时代中国特色社会主义思想为指引，探索新的增长模式，以利润为核心，坚持质量效益型发展，保持企业长期可持续发展。二是设置新的规划目标，加快企业发展速度。调整后，各项经营目标比原规划指标均有大幅提高。

二、充分明确激励条件

中铁设计结合员工持股工作要求，立足企业特点和发展实际，确立了“标准从严、骨干持股，以岗定股、权责对等，股随岗变、动态调整”的基本原则，进一步强化了员工持股的激励条件。一是以关键的管理岗位、技术岗位和业务岗位为核心，确定持股人员范围，同时结合企业特点，兼顾考虑员工的政治素质、业务水平、工作能力、基层评议、对企业的忠诚度以及对企业的贡献。二是根据岗位对企业经营管理和持续发展的重要性确定持股额度，共划分三个层级十三个档，既保证各层级之间有明显差别，也合理兼顾同一层级内不同档之间的差别。三是员工所持股份采取动态调整机制，员工岗位变化时所持股份同步调整。持股员工降职或离职时将减少或退出所持股份，非持股员工转变为骨干员工时获得持股资格，在强化股权激励的同时建立了约束机制，有效防止股权固化、僵化。中铁设计通过科学合理的持股原则，在公司范围内营造了“想持股就要争当骨干，成为骨干就更加努力奋斗”的工作氛围，建立了行之有效的激励约束机制。

三、科学设计激励方案

在员工持股方案实施过程中，中铁设计始终坚持公开透明原则，严格履行各项程序，有效维护了员工稳定和企业稳定。在员工持股方案制定阶段，成立了方案评议组、宣传组、监督组等专项小组，确保持股方案内容在公司范围内得到科学评审、广泛宣传和有力监督。充分听取了广大职工对员工持股方案的意见建议，并经过职工代表大会审议通过后实施。

四、有效实施激励方案

在员工持股方案实施过程中，中铁设计及时披露各项重要事项和信息，充分保障员工的知情权和监督权，做到规则公开、程序公开、结果公开，防止暗箱操作、利益输送，全面保障了持股和非持股员工的合法权益。

中铁设计实施员工持股，构建了“国有资本—战略投资者—持股员工”三元股权结构，以完善的公司治理结构为依托，充分调动各方积极性，实现协同发展。一是改革完成后，国有资本持股70%，处于绝对控股地位，切实保障国有资产管控有力。二是战略投资者形成合力。战略投资者之一比亚迪公司近年来积极投身我国城市轨道交通事业，研发了新型跨座式单轨车辆——比亚迪“云轨”，创造了我国首个拥有自主知识产权的跨座式单轨车辆。中铁设计充分发挥比亚迪在该领域的领先优势，积极推进合作，在汕头、蚌埠、安阳、桂林、吉林、玉溪等城市推广比亚迪“云轨”，规划总规模近300千米，投资规模近千亿元，为企业发展带来了新的增长点。三是员工工作积极性、责任感显著提升，创新意识明显增强，促使公司在经营指标、科技创新等方面捷报频传。

第十三节　大地环境修复公司中长期激励案例解读

中节能大地环境修复有限公司（以下简称“大地环境修复公司”）是中国节能环保集团公司控股三级企业，成立于2012年12月，主营业务是土地环境综合整治。近年来，由于盈利模式单一、技术储备不足、发展活力不强，大地环境修复公司面临业绩下滑、竞争力有限、人才流失等问题。后来，公司进行了改革，通过实施员工持股，员工工作效率明显提高，积极主动提出经营管理中的问题和不足，针对性地出谋划策、集思广益；自觉把控项目成本、减少各项费用支出，促进公司提质增效。公司内部营造出上下齐心、同抓共管、协作奋进的工作氛围，工作效率大幅提高。

一、确定激励目标，选择激励模式

大地环境修复公司以有效破解发展难题为首要激励目标，实施员工持股方案，弥补市场短板，充分激发企业干部职工干事创业的积极性和主动性。

二、充分明确激励条件

大地环境修复公司按照“以岗定股、动态调整”的原则实施员工持股，进一步明确激励条件，突出具有产出功能的业务骨干、员工持股，吸引业内优秀人才。在首批持股员工中，业务骨干占比 90%，关键管理岗位员工占比 10%。

三、科学设计激励方案

大地环境修复公司实行员工持股方案，建立风险共担、利益共享的激励机制。面对企业盈利模式单一的问题，鼓励广大员工积极出谋划策，提出切实可行的发展方案。一是集思广益，推动企业实施多元化发展战略，深度拓展垃圾填埋场修复业务，探索进入国土整治、油泥油砂处理业务，拓宽业务领域。二是上下同心，努力实现企业资质等级从工程承包二级升级为一级，建立垃圾填埋场修复事业部、特殊污染场地修复事业部，成功中标苏州阳澄湖垃圾填埋场修复项目 7000 万元，增加盈利渠道。三是齐心协力，全体员工一起努力，促进经营指标大幅增长。

四、有效实施激励方案

员工持股前，大地环境修复公司员工离职率为 21%，中层骨干人才离职率为 32%，高管人员离职率达 50%，公司内部普遍存在“推推动动、不推不动”的工作氛围。员工持股完成后的 2017 年，员工离职率同比降低 15%，骨干员工人数稳定，中层以上人员未有主动离职，员工总数增加 36%；新引进高管 3 人，进一步优化了人才结构，提升了团队实力。

第十四节 正达科技中长期激励案例解读

北京市政路桥正达道路科技有限公司（以下简称“正达科技”）是北京市政路桥集团有限公司（以下简称“北京市政路桥”）所属的研发平台，2017 年，按照北京市国资委《关于市属国有控股混合所有制企业开展员工持股试点的实施办法》要求，开始开展混合所有制员工持股改革，并列入北京市第一批混合所有制员工持股改革试点单位。

作为北京市高新技术企业、交通部公路交通节能与环保技术与装备行业研发中心，正达科技的路用材料自主研发能力居行业领先地位，研发成果广泛应用于北京长安街及全国多个省市道路建设中。通过增资扩股方式同步引入外部投资者和企业骨干员工持股。

一、确定激励目标，选择激励模式

正达科技以技术研发人员为主，在职工持股之前，企业激励机制不健全，员工工作不松不紧，收入不高不低，人才队伍不稳定，市场意识薄弱，企业面临着如何更好吸引和留住人才，保持核心人才队伍稳定，充分调动骨干员工积极性与创造性的问题。同时，作为一家老国企，需要通过引入外部投资者，实现产业链条的延伸和产品的综合配套；需要进一步优化公司治理，强化市场意识，创新经营机制，积极探索适应市场化、现代化的企业运作模式，增强企业整体发展能力，更好地参与市场竞争。

为了打破僵局，正达科技明确了激励目标，并选择了以下几种激励模式：一是结合企业业务发展及上市目标设定投资者条件。要求投资者具备较强的融资能力和资本市场运作能力，能形成产业协同效应；在行业内具有多个省市的客户资源和市场资源，有助于配合开拓国内外市场。二是员工股负盈不负亏。遵循职工自愿入股原则，利用多种形式做好解释说明，在协议、章程中明确同股同权、同股同责。三是明确企业法人主体地位。国有股东按照依法依章程平等参与管理原则，完善公司法人治理结构，用制度规范事项和流程，形成股权结构多元、股东行为规范、内部约束有效、运行高效灵活的市场化经营机制，避免行政干预。四是随着民营股东与国有股东并存，各股东股权相对分散，极易形成公司内部人控制。为防止公司内部人为应对考核而粉饰经营业绩，在公司章程中明确公司各方股东均有权力对公司的财务状况、生产经营、管理层履职等开展审计监督，并对审计方式、周期、费用等相关事项予以明确。

二、充分明确激励条件

正达科技全面梳理企业业务流程，分析确定影响企业发展的关键岗位。明确对公司经营业绩和持续发展有直接或较大影响的科研人员、中高级经营管理人员和业务骨干持股原则，定性与定量相结合，确定持股员工范围，满足两个基本条件：一是与正达科技签订劳动合同的正式员工；二是认同公司战略、公司使命、公司文化，有强烈意愿将个人发展融入公司发展的员工。在这两个基本条件下，重点侧重以下三类人员：一是与公司经营管理密切相关的中高层管理人员；二是对公司科技创新发展和成果转化起着重要作用的员工，具体条件为承担不少于 3 个科技创新项目并顺利完成验收的项目经理、担任不少于 5 个科技创新项目且连续 3 年考核结果为优秀的技术工程师和拥有不少于 3 个与公司主营业务相关发明专利的第一发明人；三是经公司管理层提议、职工代表大会通过所引进的人才。

三、科学设计激励方案

正达科技科学地设计激励方案，使员工持股规范，确保股权有序流转。一是按照国务院国资委《关于规范国有企业职工持股、投资的意见》要求，进一步规范企业管理层持股、投资行为，免去正达科技原执行董事在上级单位所任职务，所有参与持股员工的劳动合同全部变更到正达科技。员工个人持股比例不超过1%。二是为增强“强制转股”条款效力，在公司章程中明确相关要求，并由职工代表大会确认“强制转股”要求，对股东、职工两个身份都做出约束。考虑在公司章程中约定“强制转股”条款有效的情况下，员工股东对其所持有的股权仍享有议价权和股权转让方式的决定权，在公司章程中同步明确，并经全体股东一致同意：由总经理按照持股员工标准，在征求职工代表意见后提出股权转让分配方案，并提交公司董事会和职工代表大会审议。股份转让以该股份对应的企业上一年度经审计的净资产值为兑价依据，原股东可享受转让当年持股期的分红，以尽量减少未来争议。

四、有效实施激励方案

正达科技在公开透明、依法合规的原则下，规范、有效地实施激励方案。一是严格履行内部决策程序。员工持股方案形成后，由律师出具法律意见，经正达科技公司职工代表大会、各级企业经理办公会、董事会逐级审议后报市国资委审核并经北京市政府同意列入试点。二是严格履行资产评估、进场交易程序，防止国有资产流失。本次混合所有制员工持股改革引入2~3家外部投资人，北京市政路桥以正达科技资产评估值作为兑价基础，在北京产权交易所公开披露增资信息，充分考虑企业发展多元化，补齐业务短板，最终引入具有沥青营销渠道的天津兆华公司、具有市场开发资源的北京坤元城泰公司、具有资本运作能力的北京首发投资公司。三是充分赋予职工知情权和参与权。正达科技党政联席会依据公司职工代表大会审议通过的员工持股标准，讨论形成拟持股员工名单及持股比例，进行民主公示后确定员工股东名录，最终13位员工参与此次试点改革，入股价格与外部投资者在北京产权交易所公开确定市场价格相同。

进行职工持股激励后，正达科技激发了员工活力，深化改革取得实效。一是通过改革规范企业管理。完善法人治理结构，创新薪酬、用人等激励约束机制，加大《公司法》、公司章程等法律法规、规章的学习宣贯力度。围绕新公司“技工贸”发展定位，加大市场营销人员及工程施工管理人员引进力度，强化生产和销售环节。二是通过改革激发企业创新活力。员工科研创新的积极性得到释放，制定并推进《科研项目、创新产品及知识产权开发规划》，完成北京市交通委绿色搅拌站等4个项目验收、授权发明专利5项，主编1项地方标准并发布实施、参编2项国家标准，对提升企业行业影响力起到积极作用。通过与设计院积极对接，推进研发成果的转化力度。三是通过改革增强市场意识，创新营销模式。将技术、产品、检测、施工、投资等环节与各业主需求相结合，梳理建立了T、TP、TPP、TPDB、TPI等5种市场服务模式。针对津冀两地业主特点，制定了“1+1+8”方案，推出适合各地交通特点及气候环境的《道路科技实施方案》，进行精准服务。

2017年7月，正达科技完成混合所有制员工持股改革的工商变更，注册资本由850万元增加至5000万元，通过融合国企规范性和民企灵活性，发挥员工积极性，整合各方资源，围绕绿色、低碳，强化创新引领，突出路面新技术、新产品、新工艺研发与推广应用，正达科技发展成国内一流的路面材料综合服务商。

第十五节　招标公司中长期激励案例解读

江西省机电设备招标有限公司（以下简称“招标公司”），是江西省国资委监管企业江西省咨询投资集团有限公司（以下简称“江咨集团”）的下属重要子企业，在新经济环境下企业发展遇到瓶颈，面临总量偏小、机制不活、后劲不足等问题，迫切需要进行机制上的变革。2017年3月，江西省国资委将招标公司列入员工持股试点企业名单。

经过努力，招标公司当年12月上旬完成新公司组建相关工作，引进外部民营股东深圳市粤昆仑环保实业公司，持股10%，90名员工以现金出资，持股18%。

一、确定激励目标，选择激励模式

2017年是江咨集团的改革攻坚年，江咨集团一手抓集团层面“整体改”，一手抓所属公司“个案改”，在推进集团层面混合所有制改革的同时，通盘谋划和启动所属招标公司员工持股、增资扩股工作。一是坚定推动员工持股改革方向，向省国资委申请招标公司员工持股试点改革，将招标公司员工持股试点改革的必要性和迫切性讲清楚，得到省国资委和省委省政府的理解和支持。二是突出党的领导，江咨集团党委和招标公司党委充分调动班子合力，深入研究“为什么改、跟谁改、怎么改、改成什么样”等一系列核心问题，从“做大主业、混活机制、放大功能”的宽视野和高站位做好顶层设计。三是打好“组合拳”，将招标公司的员工持股试点改革重大问题和集团层面混合所有制改革重大问题通盘研究决策，在持股比例对象、引进战投条件、推进时间步骤等重大问题上，画好施工图，做到“一张网、一盘棋”。

二、充分明确激励条件

改革要校准正确方向，更要把握有序的节奏步伐，还要抓住规范操作环节，明确激励的必要条件。招标公司员工持股在党中央、江西省委省政府和省国资委改革发展框架内，自觉融入全省经济工作大局，重要环节都有辅导机构和专职律师全程把关指导，出具书面法律意见书，切实做到合法依规、行稳致远。一是有力保障国有资本控股地位。招标公司根据自身战略布局和所处行业特点，坚守国有资产不流失的底线。在实行混合所有制改革及员工持股增量引入之后，江咨集团持有招标公司72%的股权，继续保持了国有资本的控股地位，企业战略、经营管理、经营班子保持连续性和稳定性。二是避免国有资产损失。按照江西省国资委确定的评估方法开展企业“清、评、审”工作，坚持同股同价的原则，引进战略投资者市场公开竞买价格和员工入股价格相一致。三是科学建立员工持股平台及管理机制。将中层及以上干部、具有注册类执业资格或研究生以上学历及其他经评选的核心骨干员工纳入员工持股范围，共有60%的员工符合持股条件并顺利入股。员工持有股份在平台内封闭流转，确保了招标公司股权结构的稳定性。按照岗变股变、人退股退的原则，建立健全股权内部流转和退出机制，让每个员工都有希望入股，真正达到员工持股的目的。

三、科学设计激励方案

改革重点在于“名”和“实”要兼顾，因此科学设计激励方案非常重要。引进对企业主业发展有实质帮助的战略投资者，充分调动广大干部职工归属感和积极性是改革的出发点和落脚点。改革开展初期，战略投资者和职工持股对象都普遍反映，认为评估价较高，投资收益率较低，战略投资者和干部职工普遍信心决心不强。面对潜在投资者投资信心不足，江咨集团和招标公司决策层认真研究，统一思想，主动走出去对接洽谈，将企业的现状、技术实力和省内地位优势、未来发展等情况进行介绍，最终得到投资者的理解。同时，招标公司管理层能够主动自我加压，对预期收益率、法人治理结构做出承诺，大大增强了投资者信心，为顺利摘牌奠定了坚实基础。面对干部职工持股意愿不强的情况，管理层认真分析干部职工的顾虑和原因，深入宣讲干部职工关心关切的持股方式、入股价格、股权内部流转和退出机制等核心问题，通过职工代表大会、调查问卷等方式征求员工意见，宣传企业未来的美好蓝图，打消干部职工的持股顾虑，大大增强了广大干部职工的持股意愿，职工代表大会以94.55%的高通过率表决通过了《员工持股方案》和《员工持股管理办法》。顶层设计科学、规范高位推进，引入真正对企业发展有促进作用的战略投资者，广大干部职工积极性被充分调动，是招标公司改革最鲜明的特点和最主要的成效。

四、有效实施激励方案

一是企业党的建设与现代法人治理机制更加有效融合。企业党的建设写入增资扩股协议和新公司章程中，建立企业党委参与决策企业经营管理重大事项工作机制。制定集团公司董事会、党委会、经理层议事规则，党委决策前置程序得到有力落实，持股员工通过职工代表大会选举出 1 名职工董事和 1 名职工监事，代表持股员工直接参与公司治理，战略投资者选派 1 名代表参与企业经营管理，重大决策意见得到有力保障。二是经营管理效率效益不断提高。员工主人翁意识明显增强，不少业务部门自我加压，主动申请增加年度目标考核任务。公司组建专业学习小组和新技术研究小组，政府采购、PPP 招标、地铁招标等业务的专业化程度不断提高，业务质量提升意识、风险防控能力不断增强，制定《招标业务风险防控手册》，构建完整的风险防控体系。三是企业品牌影响力及吸引力明显增强，公司对优秀人才的吸引力显著提升，从改革前的 126 名员工增加到目前的 161 名员工，增长 28%，本科及以上学历的员工占比达 92%。四是改革红利不断释放，经营业绩呈现快速增长。

第十六节　江西旅游集团中长期激励案例解读

江西省旅游集团有限责任公司（以下简称“江西旅游集团”）是江西省属国有企业资产经营（控股）公司（以下简称“国控公司”）所属二级企业，于 2014 年 11 月改组设立。企业主营业务为旅游及相关产业，打造“大消费、大健康”的旅游全要素生态圈。江西旅游集团顺利实现核心骨干入股，是 133 号文出台后的江西员工持股试点第一例。

通过核心骨干持股，引入了专业的管理人才，为向资本市场靠拢发挥了重要作用。

一、确定激励目标，选择激励模式

为充分调动和发挥持股员工的积极性，优化人才团队，推动员工与企业成为利益共同体、价值共同体和命运共同体，员工持股后，江西旅游集团一方面根据技术骨干和核心骨干的认定标准，在符合持股方案的前提下，争取将部分有持股意愿，与集团公司长期利益一致的人才吸纳到持股对象中来，对符合持股方案要求的营销骨干、技术骨干进行精准定位。结合专业技能、个人业绩、求职理念等要素，将技术骨干明确为工程开发、产品研发、证券法务、财务管理、文化传媒、信息科技 6 类技术人才，营销骨干明确为营销策划、项目运营、资本运作、投资开发、酒店管理、资产管理 6 类营销人才，并已出台营销骨干、技术骨干持股的管理细则。另一方面，为进一步实现激励目标，突破现有的按管理级别定级的工资体系，对符合要求的紧缺技术人才、营销人才，提出了协议工资体系，上不封顶，体现了技术能力和营销能力的真正价值。同时，建立市场化的劳动人事分配制度和业绩考核评价体系，入股员工与企业共享改革发展成果、共担市场竞争风险。

二、充分明确激励条件

江西旅游集团原为省属一级企业，133 号文下发后，江西旅游集团积极争取成为首批试点。为符合试点要求，满足激励条件，在江西省委、省政府支持下，一方面主动申请降格，股权划归省国控公司，成为试点的适格主体；另一方面由政府和党委任命的班子成员向上级单位提出辞职申请，再由董事会聘任，成为持股的适格对象。

三、科学设计激励方案

2017 年开始采取增资扩股方式实施员工持股，同步引入战略投资者。试点选定后，由省旅发委公开招聘遴选了法律、清产核资、改制审计和资产评估方面的中介机构提供专业服务，经过立项、审批、专家论证及备案等各项程序，确保依法合规。混改后，江西省国控公司、阳光保险集团、建银国际控股公司及其一致行动人、上海积厚资产管理有限公司分别持有 37%、26%、16%、13%的份额。首批共 59 名员工（约占 1.3%）以自有资金，出资设立有限合伙企业作为持股平台持有企业股权，合计出资 1.48 亿元，持股 8%。2017 年 5 月 25 日完成工商变更。员工与战略投资者同股同价，单个员工出资最高额为 1280 万元，持股比例达 0.512%，最低额为 20 万元，持股比例达 0.008%。

四、有效实施激励方案

通过员工持股，员工积极性有效释放，企业经营效益大幅提升，财务指标大幅增长，为向资本市场靠拢提供了有利条件。江西旅游集团主动作为、自筹资金，启动了江西宾馆等 5 家事业单位改制转企，其中 15 位原事业单位班子成员主动放弃身份、自掏腰包参与到江西旅游集团核心骨干持股中。事业单位转企改制的同时，激发了该批管理人员在企业运营方面的积极性和主动性，原老宾馆酒店在开发利用、经营发展方面都展现出新的活力，盘活了资本市场，放大了资本效率，使原有资本呈几何增长态势。企业效益、管理水平的提升，也大大增强投资人对江西旅游集团发展的信心。对全力支持核心骨干持股方案的经营高管充分授权，缩短决策链条、提高决策效率，有力地支撑了江西旅游集团的经营发展，企业快速发展也为投资人带来了稳定的回报。

参考文献

[1]国务院国资委改革办. 改革实践——国资国企改革试点案例集[M]. 北京:机械工业出版社,2019.

[2]本书编写组. 国企改革若干问题研究[M]. 北京:中国经济出版社,2017.

[3]国务院国资委改革办. 国企改革探索与实践——地方国有企业 100 例(上、下)[M]. 北京:中国经济出版社,2018.

[4]国务院国资委改革办. 国企改革探索与实践——中央企业子企业 150 例(上、下)[M]. 北京:中国经济出版社,2018.

[5]国务院国资委改革办. 国企改革探索与实践——中央企业集团 15 例[M]. 北京:中国经济出版社,2018.

[6]钟培. 军工科研院所实施中长期激励模式浅析[J]. 军民两用技术与产品,2018(6):20-24.

[7]王乙臣. 国有企业股权激励发展趋势分析[J]. 资本市场,2011(9):110-115.

[8]周海兵,徐芳. 国有企业实施中长期激励的思考[J]. 江西电力职业技术学院学报,2017,30(3):77-79.

[9]郑云生,孙晓艳. 对广东农垦混合所有制企业实行员工持股的对策探讨[J]. 广东农工商职业技术学院学报,2015,31(4):5-10.

[10]李文文,耿喜华,杨荣本. 浅析员工持股的"利与弊"[J]. 商业会计,2013(7):81-83.

[11]隽鸿. 解读《中关村国家自主创新示范区企业股权和分红激励实施办法》[J]. 华东科技,2011(5):16-17.

[12]杨树. 国有企业开展科技人员股权和分红激励的相关政策、实践和建议[J]. 中国人力资源开发,2016(10):22-31.

[13]国务院国资委．国有科技企业股权和分红激励问题解答(下)[J]．财会信报,2017(11):1-3.

[14]宁夏回族自治区促进科技成果转化条例[Z]．宁夏回族自治区人民代表大会常务委员会公报,2018(7).

[15]佘伟军,万宏,陈祺,等．国有科技型企业股权激励机制研究[J]．石油科技论坛,2019,38(3):6-12.

[16]龙文杰,洪小龙,孙军伟．国有控股混合所有制企业员工持股法律实证研究——以19家试点企业为视角[C]．上海法学研究(集刊),2019,6(6):1-11.

[17]赵俊华．国有企业中层管理者的激励问题研究[J]．科技资讯,2011,31(11):154-156.

[18]易明惠．高新技术企业知识型员工激励机制研究[D]．武汉:武汉科技大学,2010.

[19]周丽莎．国有企业实施中长期激励方式研究[N]．经济参考报,2018-09-03.

[20]金巍锋．我国上市公司股票增值权实施有效性研究[D]．长沙:中南大学,2011.

[21]丁保利,王胜海,刘西友．股票期权激励机制在我国的发展方向探析[J]．会计研究,2012(6):76-82.

[22]刘凯．股份公司高层管理人员的股票增值权激励[J]．中国人力资源开发,2005(8):89-93.

[23]李曜,管恩华．上市公司股票增值权激励效果的实证研究[J]．商业经济与管理,2005(10):44-51.

[24]何仁柯．限制性股票激励的方案设计及实施效果分析——以光明乳业为例[D]．杭州:浙江工商大学,2014.

[25]李娇．高科技企业科技人才股权激励研究[D]．太原:太原理工大学,2016.

[26]袁磊,陈伟,司云波,等．央企科研项目收益分红激励现状分析与建议[J]．石油科技论坛,2018(5):14-19.

[27]魏焕. DLJ公司实行科技人员岗位分红激励制度初探[J]. 人力资源管理,2018(1):12－15.

[28]李丽,傅飞强. 基于现金计划的长期激励模式设计[J]. 中国人力资源开发, 2014(2):63－69.

[29]隆军. 众达公司新产业事业部高管团队虚拟股权激励方案设计[D]. 长沙:湖南大学,2018.

[30]王敏. 探讨股份回购制度的法律问题及完善[J]. 法制与经济(中旬刊),2010(10):99－102.

[31]张慧. 国有非上市公司股权激励策略探析[J]. 当代会计,2015(6):32－34.

[32]苏宇吉,丁浩. 国有企业如何开展员工持股[C]. 上海法学研究(集刊),2019(5):284－288.

[33]吴平哲. LZ公司股权激励方案选择与优化研究[D]. 成都:西南交通大学,2018.

[34]刘钰娟. 适用于非上市国有企业的股权激励模式[J]. 广东经济,2010(7):51－55.

[35]王芳. 初创期小型科技型企业股权激励机制研究[D]. 北京:北京交通大学,2008.

[36]刘林炘. 武汉市政工程设计研究院薪酬体系优化研究[D]. 武汉:华中科技大学,2011.

[37]徐凯,宋家兴,许诺,等. 股权激励和技术入股有关所得税政策解读及问题探讨[J]. 财务与会计,2017(16):30－31.

[38]许燕珍,闫晓. 论中国联通大学生市场分析及营销策略[J]. 知识经济,2012(6):98.

[39]崔晓庆. 我国国有控股上市公司股权激励问题研究[J]. 中外企业家,2019(15):39－41.

[40]张悦欣. 国有上市公司混改员工持股定价研究——以中国联通及海正药业为例[D]. 北京:北京交通大学,2018.

[41]范昕晖. 中国联通混合所有制改革方案及其绩效研究[D]. 广州:广

东外语外贸大学,2018.

[42]李佳奇. 混合所有制改革下国有企业员工持股案例研究——以中国联通为例[D]. 昆明:云南大学,2018.

[43]孙涛,姚越. 授予员工限制性股票涉及企业所得税、个人所得税问题探讨[J]. 中国远洋海运,2017(12):1-4.

[44]张良. 混改背景下员工持股绩效研究——以中国联通为例[D]. 杭州:浙江工商大学,2019.

[45]史爱苹. 徐工集团:践行"双百企业"三标准[J]. 现代国企研究,2019(2):94-98.

[46]王正琪. 山西汾酒集团财务风险评价研究[D]. 西安:西安理工大学,2017.

[47]贺佳雯. 新一轮国企员工持股潮[J]. 中国经济信息,2016(10):5-8.

[48]廖红伟,杨良平. 国有企业改革中的员工持股制度分析——基于交易成本理论的视角[J]. 江汉论坛,2017(9):24-30.

[49]姜传胜. 实施"影子"股份,优化产权结构[J]. 中国工程咨询,2009(2):37-40.

[50]胡泊. 与泛在电力物联网协同融合综合 能源服务迎发展新机遇[N]. 国家电网报,2019-04-02.

[51]陕西省人民政府关于加快推动创业投资发展的实施意见[N]. 陕西省人民政府公报,2018-01-31.

[52]李争粉."创业、创新+创投"协同互动格局加快形成[J]. 中国高新技术产业导报,2016(9):5-9.

[53]温源. 员工变股东让国企变了个样儿[N]. 光明日报,2018-01-31.

[54]冯芸清. 员工持股混改后中国电器院走出瓶颈期[N]. 第一财经日报,2018-02-05.

[55]福建省股份有限公司内部职工持股试点试行办法[J]. 福建改革,1998(8):4-6.

附　录　国有企业中长期激励文书模板

第一节　员工持股计划方案（范本）

一、持股员工条件

1. 积极条件

(1) 持股员工必须是与公司签订劳动合同的正式员工；

(2) 持股员工应当是对公司发展有重大影响的员工，如一定职级以上的员工；

(3) 持股员工应当是虽然未达到一定职级，但是其所在岗位对公司发展具有重大影响的员工，如公司系销售型公司，对公司销售业绩有突出贡献的员工可以认定为此类员工。

其中条件（1）为必备条件，条件（2）、(3）为择一选择的条件，即员工在满足条件（1）且满足条件（2）或满足条件（1）且满足条件(3）时，即满足员工持股积极条件。

2. 消极条件

具有下列条件之一的员工，不得持股，或者不得重复持股：

(1) 省委、省政府和地方党委、政府及其部门、机构任命的国有企业领导人员不得持股。

(2) 外部董事、监事（含职工代表监事）不参与员工持股。

(3) 直系亲属多人在同一企业的，只能一人持股。关于直系亲属，员工持股规则中虽然未直接给出界定，但是根据《最高人民法院关于贯彻执行〈中华人民共和国民法通则〉若干问题的意见（试行）》（法(办)发〔1988〕6号）第十二条规定：“民法通则中规定的近亲属包括配偶、父母、子女、兄弟姐妹、祖父母、外祖父母、孙子女、外孙子女。”①

二、具体持股员工的名单

根据以上条件，并结合公司的实际情况，确定参与本次持股的员工共有10名，具体情况如附表1-1所示。

附表1-1　具体持股员工名单

序号	姓名	职务	入职部门
1	××	总经理	
2	××	副总经理	主管生产保障部
3	××	副总经理	主管品牌推广部
4	××	总监	品牌推广部/产品设计部
5	××	总监	品牌推广部/策划部
6	××	总监	销售部
7	××	副总监	销售部
8	××	总监	销售部
9	××	副总监	销售部
10	××	总监	综合行政部

三、员工持股比例

1. 关于员工持股比例的相关规定

(1) 员工持股总量原则上不高于公司总股本的30%，单一员工持

① 资料来源：湖南省人民政府国有资产监督管理委员会、湖南省财政厅、中国证券监督管理委员会湖南监管局：《关于印发〈湖南省国有控股混合所有制企业开展员工持股试点的实施细则（试行）〉的通知》，2018年。

股比例原则上不高于公司总股本的1%。

(2) 实施员工持股后，应保证国有股东控股地位，且其持股比例不得低于公司总股本的34%。[①]

(3) 持股数量和持股比例，与岗位和业绩紧密挂钩，不搞“平均主义”。

2. 公司股权结构的限定情况

公司目前的股权结构如附表1-2所示。

附表1-2　公司股权结构

股东名称	出资	
	出资额	出资比例/%
国有企业子公司	n_1	35
民营企业1	n_2	25
民营企业2（有限合伙）	n_3	25
民营企业3（有限合伙）	n_4	15

因国有企业子公司作为国有股东代表，其持有的股权比例仅为35%，考虑到国有股东持股比例不得低于34%的强制性规定，无论是通过直接增资扩股的方式引入员工持股，还是通过提高员工持股平台的持股比例，其空间都不大。

因此，本方案暂不考虑提升员工持股比例的问题，直接在现有持股股东民营企业3（有限合伙）15%的额度内设计方案。

3. 每一名员工持股比例的设定

针对每一名员工的持股比例，在考虑经营管理层和员工的工龄、学历和岗位价值、职级等因素的基础上综合确定。

鉴于有的公司成立时间比较短，相关人员尚需要时间进一步考察，员工职级贡献、岗位价值贡献暂无法充分体现，故在本次员工持股计划中，

① 苏宇吉，丁浩．国有企业如何开展员工持股[C]．上海法学研究（集刊），2019（5）：284-288.

以员工体现的基本素质为基础，适当考虑员工职级贡献、岗位价值贡献情况确定持股比例，其中，与员工基本素质相关的简称为“基本股”，与员工职级贡献相关的简称为“职级贡献股”，与员工岗位价值相关的简称为“岗位价值股”；在具体分配方式上，在拟用于本期员工持股的总股权中，设置50%的基本股，30%的职级贡献股，20%的岗位价值股。

（1）基本股的分配方式。

所谓基本股，系指因拟参股员工工龄、学历等因素差异所体现出来的价值对应的应持股权份额。

鉴于公司的成立时间较短，其员工工龄、学历等因素体现的价值已经在确定岗位时适当考虑，其实际价值影响在公司中尚未充分体现，各员工在公司中的工龄也无显著差异化，故直接按照基本股每人相同设计本次持股方案，即对于基本股由参与持股的员工按人数平均分配，确定每一持股员工可以持有的基本股权数。

（2）职级贡献股的分配方式。

所谓职级贡献股，系指因每一持股员工所在职务等级不同，该职级差异所体现出来的价值对应该员工应获得的股权数，系员工价值的纵向体现。职级贡献股为总持股份额的30%。

根据公司实际情况，公司在经营中的职务序列分为四档。

一档：董事长、总经理；

二档：副总经理；

三档：部门总监、副总监；

四档：公司员工。

各职级对公司价值的贡献程度一般按照对公司价值的贡献情况，有梯度地设计和确定，如不同职级，分值差异过大，会打击低层级人员的工作积极性和主动性；分值差异过小，又无法体现高职级人员的真正价值。考虑到公司的实际情况，按照四个层级之间平均确定职级档次差异分值的方式确定具体职级的分值。具体按照下列方式确定各职级的分值：一档，100分；二档，75分；三档，50分；四档，25分。

个人职级贡献股持股额度 =（个人职务分/职务总分汇总数）×总持股额度×30%

（3）岗位价值股的分配方式。

所谓岗位价值股，系依据拟持股员工所在部门对公司业绩贡献程度所确定的应持股份数，是该员工价值的横向体现，即其所在部门对公司业绩重要性程度的体现。本方案将总持股份额的20%作为岗位价值股。

根据公司初步尽职调查，公司除经营管理层外，另有四类岗位：销售岗、研发及品推岗、生产保障岗、综合行政岗。

根据对员工的访谈结果，多数员工认为以上部门涉及岗位的重要性程度，从高至低依次为销售岗、研发及品推岗、生产保障岗、综合行政岗。另，经营管理层人员属于把控公司总体发展方向和战略的员工，在岗位价值上应略高于其他各岗位的具体设置，故按照附表1－3确定每一部门的岗位价值：

附表1－3　部门岗位价值

岗位	经营管理岗	销售岗	研发及品推岗	生产保障岗	综合行政岗
分值	5	4	3	2	1

个人岗位价值股持股额度 =（个人岗位价值分/所有持股员工岗位价值总分汇总数）×总持股额度×20%

（4）个人持股总额度。

个人持股总额度 = 个人基本股 + 个人所持职务贡献股 + 个人所持岗位价值股

（5）公司持股分配情况汇总。

①职务贡献汇总表（见附表1－4）。

附表1-4 职务贡献汇总

序号	职务贡献级别	职级	职级分值	统计人数	人员名单	职级贡献分
1	董事长	一档	100	0	(不纳入本次员工持股计划)	—
2	总经理	一档	100	1	××	100
3	副总经理	二档	75	2	××	150
4	部门总监	三档	50	7	××	350
5	员工	四档	25	0	暂不纳入本次员工持股计划	0
合计				10		600

②岗位价值汇总表(见附表1-5)。

附表1-5 岗位价值汇总

序号	岗位	岗位分值	统计人数	人员名单	岗位价值分
1	经营管理岗(含董事长、总经理、副总经理)	5	3	××	15
2	销售岗	4	4	××	16
3	研发及品推岗	3	2	××	6
4	生产保障岗	2	0	—	0
5	综合行政岗	1	1	××	1
合计			10		38

本次用于股权激励的股权总量为70万股,合计为公司总股权数的7%,则各位拟持股人员的持股数额计算如附表1-6所示。

附表1-6 拟持股人员的持股数额

序号	股权设置级别	基本股	职级贡献股	岗位价值股	个人持股合计	持股比例/%
1	总经理—×	35000	35000	18421	88421	0.88
2	副总经理—×	35000	26250	18421	79671	0.80
3	副总经理—××	35000	26250	18421	79671	0.80
4	销售岗—×	35000	17500	14737	67237	0.67
5	销售岗—×	35000	17500	14737	67237	0.67

续表

序号	股权设置级别	基本股	职级贡献股	岗位价值股	个人持股合计	持股比例/%
6	销售岗—×	35000	17500	14737	67237	0.67
7	销售岗—×	35000	17500	14737	67237	0.67
8	设计岗—×	35000	17500	11053	63553	0.64
9	策划岗—×	35000	17500	11053	63553	0.64
10	综合行政岗—×	35000	17500	3684	56184	0.56
	合计	350000	210000	140000	700000	7.00

注：(1) 以上股权计算全部取整，不四舍五入，未分配完毕的股权直接纳入预留股权。

(2) 按照目前的持股比例，每人均未超过1%，还有后续再次升级激励或者因业绩而奖励的空间。

(3) 按照以上计算方案，若相应的经营者或者员工放弃认购，则相应的股权不再做循环认购，直接纳入预留股权的范围，用于后续员工持股。

四、员工持股入股价格

公司委托会计师事务所（特殊普通合伙），对截至2017年××月××日的公司财务状况进行了审计，并委托资产评估有限责任公司对评估基准日2017年××月××日的公司股东权益进行了评估。根据《资产评估报告》，截至2017年××月××日，公司净资产评估值为××万元，无评估增减值。

本次员工持股时，将以每股1元的价格，通过持股平台合伙企业认购股权，并履行对公司的出资义务。

五、员工持股出资方式

本次员工持股全部以现金方式出资，不涉及技术出资。

持股员工的全部出资款由自己筹集，分两期向持股平台履行合伙人的出资义务，即分别于2018年××月××日向持股平台支付应出资款项的50%，2018年××月××日前向持股平台支付剩余的应出资款项。持股平台公司收到员工的出资款项后10日内，向公司履行对应的出资义务，将对应的出资款项转入公司的账号。

公司不为员工出资提供垫资、担保、借贷或者其他形式的资金支持。持股员工不得接受与试点企业有生产经营业务往来的其他企业的借款或融资帮助。

预留股份所对应的出资价格在章程约定的出资期间届满前暂不实际出资，待确定具体的持股对象后，再履行出资义务。

六、股权分红

持股员工与公司股东共享利益，共担风险，不享有分红优先权；当公司完成销售目标，且有可分配利润时，公司方可进行分红。

在公司盈利且股东会决定实际分红时，公司各股东按照实际出资的比例分配公司的利润，公司股东会作出分红决议，并将实际待分红款项支付给作为持股平台的有限合伙企业，由员工持股会于持股平台收到分红款项后10日内，启动分红会议的召集召开程序，并在员工持股会作出分红决议后10日内，由持股平台根据决议内容，将对应的分红款分配给业绩考核达标的持股员工，业绩考核低于标准分的持股员工不参与分红，其对应的分红款留作平台管理费用。

合伙企业持有的公司预留股权不享有对公司的分红权，合伙平台内的预留财产份额不享有对合伙企业的分红权，如合伙企业持有的预留股权有对应的分红款项，则该分红款项直接作为持股平台的费用。

七、股权管理

1. 管理机构

公司的全部持股员工组成员工持股会，负责股权的具体管理工作，持股平台根据员工持股会的决策进行变更登记。员工持股会选举产生理事，组成理事会，每届任期三年，具体负责员工持股的日常管理工作。

理事会本着精干、高效和以兼职为主的原则设置，其成员原则上由对企业管理和股权管理有基本认识的持股员工担任，选举产生的员工持股会理事长，依照《公司法》和有关法规法律，进入公司的董事会，代表持股员工权益，行使股东和董事的职权，参与公司重大经营决策。[①]

（注：员工持股会负责各员工持股情况的管理、分红的分配等后续管理事项，预留股权的分配，由公司决策后实施。）

2. 转让限制

本次员工持股计划的锁定期为三年，在锁定期内，员工不得转让其所持合伙企业财产份额，因离职产生的转让或者调整，按照相关规定进行处理。

持股员工为董事、高级管理人员的，其所持股份在锁定期外转让的，每年可转让额度不得超过其所持股权额的25%，持股股权数不足1000股的，可以在该年度一次性转让。持股员工未担任公司董事、高级管理人员职务的，不受前款转让限额的限制，在锁定期外，可以转让任意比例的所持股权额。

持股员工转让其持有的合伙财产份额的，只能在持股平台内部转让，不能向持股平台以外的人员转让。

八、股权流转及员工岗位变动调整股权操作办法

员工持股的股权与其岗位、职级相结合，并按照如下原则处理。

1. 恶意离职时的处理

所谓恶意离职，是指持股员工由于违反公司规章制度，严重失职、营私舞弊，或者违反法律的规定而被追究行政、刑事责任，及其他因为该持股员工的过错被公司解除劳动合同关系的情形；或者持股员工主动离职，但是有证据证明其加入竞争对手的情形。概言之，恶意离职是指

① 福建省股份有限公司内部职工持股试点试行办法[J]. 福建改革,1998(8):4-6.

持股员工的离职损害公司利益的情形。

员工持股的目的是留住员工、激励员工，如员工恶意离职的，应进行惩罚性处理。

(1) 员工恶意离职时，其所持有的股权由持股平台的指定合伙人以该员工的认购价格、上一年度经审计的每股净资产值中孰低的价格进行强制回购，经员工持股会决策后，即可办理持股份额的变更登记手续；回购的合伙财产份额直接纳入预留合伙财产份额，用于后续激励。

(2) 恶意离职的员工因持股获得过股权分红的，该分红款项应退回持股平台，该等分红款可以直接从其合伙财产份额回购款中扣除，不足扣除的部分，有权向其追偿。

(3) 恶意离职的员工给公司造成其他损失，应当赔偿的，赔偿款项可以直接在合伙财产份额回购款中扣除，不足扣除的部分，有权向其追偿。

2. 善意离职时的处理

所谓善意离职，是指持股员工因死亡、伤残、退休、公司战略调整或调离、或者公司与员工协商一致等原因导致持股员工与公司解除劳动合同关系的情形。概言之，善意离职是指因客观原因发生的离职，该等离职不会损害公司利益。

持股员工善意离职的，在离职后12个月内，必须将所持合伙财产份额转让。

因善意离职不会损害公司的利益，故其所持合伙财产份额的处理一般也不体现惩罚性，而是适当地给予利益，具体处理原则如下：

(1) 锁定期内善意离职的处理。

①若持股员工在锁定期内善意离职，其所持有的合伙财产份额应按照其认购价格加同期贷款银行利息的价格转让给合伙平台内的指定主体，持股平台回购后的股权纳入预留股权，用于后续激励。

②持股员工已获得的分红款无须退还。

（2）锁定期外善意离职的处理。

①若持股员工在锁定期外善意离职，其所持有的合伙财产份额可以直接在合伙平台内转让，转让价格双方可以公司最近一期经审计的净资产值为基准协商确定。受让主体受让相应合伙财产份额后，应符合单一员工持股比例原则上不高于公司总股本1%的规定。

②持股员工已获得的分红款项无须退还。

九、清产核资、审计评估情况

××股份有限公司委托会计师事务所（特殊普通合伙）对截至2017年××月××日的公司财务状况进行了审计，会计师事务所（特殊普通合伙）已经于2017年××月××日出具了××审（×××）××号审计报告，确认截至2017年××月××日，公司资产总计为N元，负债合计N_1元，未分配利润N_2元，所有者权益合计N_3元。

××股份有限公司委托资产评估有限责任公司对评估基准日2017年××月××日的公司股东权益进行了评估。根据××评报字（×××）第××号《资产评估报告》，截至2017年××月××日，公司净资产评估值为××万元，无评估增减值。

十、员工持股实施完毕后的公司治理情况

1. 改革后的法人治理结构

建立了董事会、监事、高级管理人员组成的现代化公司治理结构，如附图1－1所示。

员工持股工作完成后，公司将进一步完善员工持股会、理事会等机构的设置，并进一步调整公司董事会、监事会、经营管理人员的人选，如附图1－2所示。

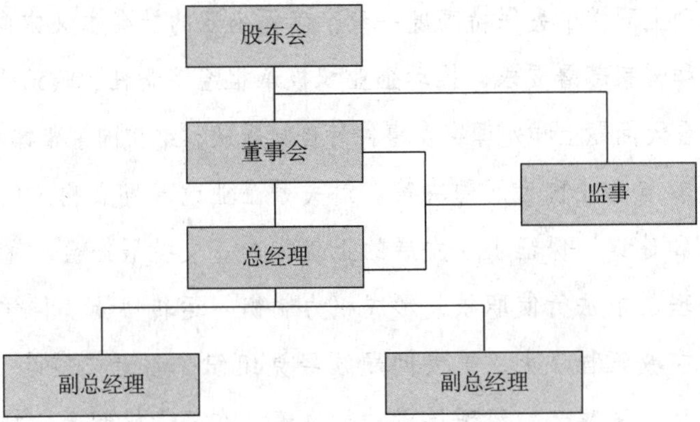

附图 1－1　改革前的法人治理结构

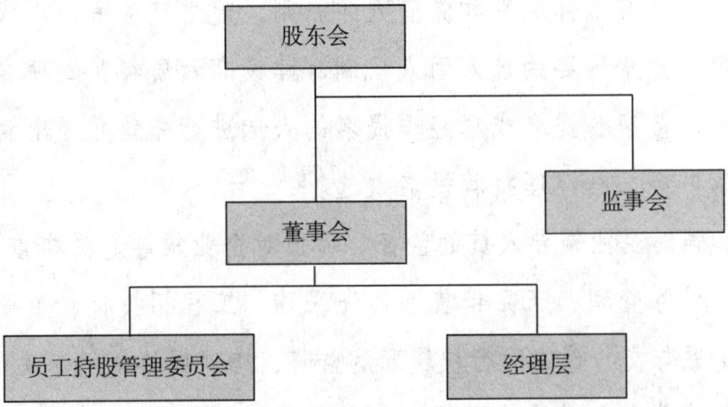

附图 1－2　改革后的法人治理结构

2. 企业党组织设置及党组织发挥政治核心作用情况

国有企业是我国经济发展的重要力量，是党和国家事业发展的重要物质基础；党章第三十二条规定，“国有企业和集体企业中党的基层组织，发挥政治核心作用”，公司党组织发挥政治核心作用的工作措施主要体现在以下几个方面。①

一是保证监督党的方针政策在本企业的贯彻执行。把党中央、省、市、股份公司党委关于推进国有企业改革发展稳定的要求落到实处，在思想上

① 资料来源:互联网文档资源,https://wenku.baidu.com/view/1084a4c031126edb6e1a107b.html。

政治上行动上同党中央保持高度一致，确保企业的社会主义方向。带头贯彻执行党和国家部署要求，推动企业积极承担经济责任、政治责任、社会责任，在重大问题上和处理突发事件时自觉服从和维护国家整体利益。①

二是参与企业重大问题决策。对关系企业改革发展稳定的重大问题提出意见和建议，保证企业发展的正确方向。支持股东会、董事会、监事会、经理层依法行使职权，形成权力制衡、运转协调、科学民主的决策机制。在决策程序上，重大问题须经党组织先召开支委会讨论研究、提出建议后，董事会、经理层再进行决策。在领导机制上，推行支委会成员与董事会、监事会、经理层成员“双向进入、交叉任职”。②

三是落实党管干部原则和党管人才原则。建立完善适应现代企业制度要求和市场竞争需要的选人用人机制，建设高素质经营管理者队伍和人才队伍。对董事会提名或总经理提名的人选进行酝酿并提出意见和建议，或向董事会、总经理推荐提名人选。③

四是加强对企业领导人员的监督。加强对企业领导人员在重大决策、选人用人、财务管理、产品销售、物资采购、工程招投标、企业重组改制和产权变更与交易等方面行权履职的监督，确保严格遵纪守法。④

五是加强党组织的自身建设。领导企业思想政治工作、精神文明建设和群团工作，支持职工代表大会开展工作，坚持用社会主义核心价值观引领企业文化建设，树立报效国家、造福社会、服务人民、关爱职工的企业形象。⑤

十一、社会稳定风险评估

公司系为了开拓多元化经营市场，于 2017 年新设立的、完全市场化运营的国有控股混合所有制公司，目前公司未设立子公司，本次员工

①②③④⑤ 资料来源：互联网文档资源，https://wenku.baidu.com/view/1084a4c031126edb6e1a107b.html。

持股不涉及剥离的资产，不涉及员工安置问题，不存在社会稳定风险。

第二节 员工持股计划书（范本）

××有限公司经过股东会周密策划、慎重考虑，本着公平、公正、公开的原则，制定本计划，以期通过本计划激励相关人员，使得该等人员得以共同促进××有限公司的进一步发展，同时分享公司成长的收益。

除另有特别说明之外，本计划中的下列用语依附表2-1确定：

附表2-1 本计划中的用语释义

本公司	××有限公司
本计划	指本员工持股计划
持股对象	指符合本计划项下条件的人员，并将根据本计划成为合伙企业的合伙人或本公司的股东
持股股权	指根据本计划授予的本公司股权
合伙企业	指持股对象为间接获取持股股权而设立的有限合伙企业
《公司法》	指现行《中华人民共和国公司法》
公司章程	指本公司的章程
股东会	指本公司的股东会

一、总则

为进一步建立、健全本公司持股和激励机制，充分调动公司中高层管理人员、技术骨干及核心员工的工作积极性，发展壮大公司，增强公司的凝聚力和市场竞争力，依据《公司法》、公司章程及其他法律法规的规定，特制定本计划。本计划中的持股股权总额为合伙企业在本公司现在以及未来持有的全部股权，以及根据本计划由持股对象直接持有的本公司股权。该等股权来源于合伙企业或持股对象向本公司的增资取得的股权，以及本公司股东向合伙企业或持股对象转让的本公司股权。合伙企业为实施本计划的持股安排而设立，合伙企业设立时的普通合伙人和有限合伙人均为本公司为设立合伙企业而暂时指定人员。在实施本计划过程中，本公司可以随时要求该普通合伙人和有限合伙人从合伙企业退伙，在退伙前，除根据本计划授予的持股股权之外，该等普通合伙人和有限合伙人在合伙企业中不享有财产份额。

二、持股对象

担任本公司及其下属子公司的经营层、中高层管理人员、技术业务骨干和部分老员工，将被纳入成为本计划的持股对象。

三、持股安排

本计划中的持股股权由股东会决定分期发放。各期持股对象、持股方式、持股数量、价格及款项支付安排均由公司股东会参考持股对象在本公司工作年限、职位、贡献等因素予以确定。持股方式分为直接持股和间接持股。直接持股指持股对象直接持有本公司股权，间接持股指持股对象在合伙企业中持有财产份额（即在合伙企业中的权益份额，包括与该等财产份额相对应的合伙人权利义务，下同）并通过合伙企业间接持有本公司股权。持股对象向本公司或者合伙企业的出资必须以其本人名义进行，所需资金由其合法自行筹措解决。持股对象不得采取委托或信托方式由他人或为他人代为持有持股股权。持股对象向合伙企业投入的全部出资，一部分用于购买经公司股东会确认的本公司股权，其余作为合伙的营运资金，用于合伙企业日常营运所需。持股对象自签署本计划附件所列的《承诺书》和《授予协议》之日起取得持股股权。合伙企业和本公司应当依法办理工商变更登记，将持股对象列为合伙企业的合伙人或本公司股东。

四、限制性条款

根据公司股东会自主决定，公司可要求部分或全部持股对象在取得持股股权的一定期限内，遵守并履行下列条款，并在与该持股对象签署的《授予协议》中予以明确。如果持股对象因工作调动、辞职或被辞退等原因从本公司离职的（以下简称“离职”），该持股对象（以下简称“离职对象”）根据本计划取得的合伙企业的部分或全部财产份额和/或本公司的部分或全部股权，经本公司股东会自主决定后，一般按如下原则和顺序进行转让：

由股东会确定的本公司员工受让该离职对象在合伙企业的财产份额和/或在本公司持有的股权；如股东会决定不由本公司员工受让该财产份额和/或本公司股权，或经股东会确定的本公司员工未能受让该等财产份额和/或本公司股权，或其受让之后还有剩余的，则不能受让该转让的财产份额和/或本公司股权；如经上述程序，离职对象仍无法转出其持有的全部合伙企业财产份额或本公司股权，则（Ⅰ）在经合伙企业的普通合伙人同意的情况下，合伙企业可以赎回该离职对象持有的合伙企业的财产份额，该离职对象退伙或合伙企业将该离职对象除名，和/或（Ⅱ）对转让离职对象持有的本公司股权依法申请强制执行，或取得本公司其他股东（离职对象除外）同意相应减少本公司注册资本。受让价格或退伙按离职对象出资时的初始出资价格确定。持股对象因退休或因身亡、重大疾病、在本公司工作期间发生工伤等原因丧失劳动能力而导致无法履行与公司的劳动关系的，则允许持股对象或其合法继承人继续持有持股股权，但其合法继承人须承诺受本计划的约束。如需继承的对象为合伙企业的普通合伙人，则作为其他合伙人的持股对象应一致同意该等继承事宜。持股对象应在合伙企业的合伙协议中尽可能地载明上述全部安排，即使未载入合伙企业合伙协议，本计划的上述规定仍对持股对象具有法律约束力。

五、持股对象的权利与义务

除非取得股东会事先同意，持股对象获授的持股股权不得违反本计划、合伙协议、授予协议、公司章程的相关规定进行转让或用于出资、担保质押或偿还债务。持股对象因本计划获得的收益，应按国家税收法规缴纳个人所得税及其他税费。合伙企业成为本公司股东后，若本公司发生拟整体变更为股份有限公司或增资、减资等重大情形的，或是合伙企业发生拟增资、减资、合并、分立、清算、注销等重大情形的，则各持股对象自身均应无条件地依照或促使合伙企业无条件的依照本公司股东会的意见行事，在有关事项中予以协助与支持。作为合伙企业合伙人的持股对象应同意按照本计划由新的持股对象认购或受让合伙企业的财产份额，并承诺放弃该等认购或转让时的优先认购权或优先购买权。法律法规规定的其他相关权利义务。

六、附则

本办法与国家法律法规冲突时，以国家法律法规为准。本办法如与公司适用的法律法规或相关规则冲突或矛盾，或者政府机构要求调整或修改的，应根据相关适用规定或政府机构要求进行修改或调整，但该等修改或调整应保证最大限度地实现原有条款的意图。本计划由公司股东会制定并负责解释，并由股东会根据公司的实际情况以及适用法律法规及监管机构的要求不时调整或修改。本计划自颁布之日起实行。

××有限公司

法定代表人签字：

年　月　日

七、附件

承诺书

本人×××（姓名），国籍××，证件号码×××（身份证明附后），自愿做出如下承诺：

一、本人不可撤销并无条件承诺遵守《××有限公司员工持股计划》及其不时的修改或调整。

二、本人对A（合伙企业）出资的资金来源为N，本人对该资金来源真实、合法性负完全的法律责任。

三、本人承诺对A（合伙企业）其他合伙人的出资/认购价款、合伙权益比例无任何异议，不会因其他合伙人的出资/认购价款、合伙权益比例而与该等合伙人、A（合伙企业）或××有限公司及其实际控制人、董事、监事、高级管理人员产生任何纠纷。

四、本承诺书一式三份。

承诺人：

年 月 日

附件：

授予协议

甲方：××有限公司

乙方：

国籍：

证件号码：

丙方：【合伙企业】，一家有限合伙企业

住所：

鉴于：

（1）甲方于______年______月______日颁布实施了《××有限公司员工持股计划》。

(2) 为了实施上述员工持股计划，甲方指定人员注册成立了丙方。

根据《××有限公司员工持股计划》（以下简称“员工持股计划”）以及××有限公司股东会决定，现就通过乙方直接持有丙方财产份额（即权益份额）而落实员工持股计划事宜，达成本协议如下：

①乙方向丙方出资______元人民币，占出资完成后丙方的财产份额（即权益份额）的______%，成为丙方的有限合伙人，该等出资中______元人民币用于合伙企业购买甲方的股权，______元人民币用于合伙企业日常运营所需。该等出资应本协议签署后______日之内一次或多次向丙方支付完毕。

②各方按照员工持股计划和相关法律规定办理授予财产份额/权益份额手续，包括但不限于签署合伙协议、出资认购协议/入伙协议，办理工商登记等。

③乙方同意并承诺：若乙方在本协议签署后三十六（36）个月届满日（以下简称“届满日”）之前从甲方离职（定义见员工持股计划），则：在届满日前一个月离职，乙方应将根据本协议取得的全部财产份额/权益份额的三十六分之一按照员工持股计划的规定转让；在届满日前二个月离职，乙方应将根据本协议取得的全部财产份额/权益份额的三十六分之二按照员工持股计划的规定转让；依此类推。

④本协议未尽事宜，以员工持股计划为准。员工持股计划为本协议不可分割的一部分。

⑤如果本协议签署、解释和履行发生任何争议，本协议各方应首先通过友好协商解决。如果一方收到另一方要求开始协商的通知后六十（60）日内，或双方另行同意的更长期限内，争议未能得到解决，任何一方可以将纠纷提交中国国际经济贸易仲裁委员会根据其当时适用的仲裁规则进行仲裁。仲裁裁决是终局的，并对争议双方具有约束力。

⑥本协议一式三份，自签署时生效。

甲方：

乙方：

丙方：

第三节　股权转让协议（范本）

第1条　为规范××有限公司（以下简称“公司”）员工股权转让工作，根据国家有关法律法规和公司实际，制定本办法。

第2条　根据董事会授权，员工股权管理委员会（以下简称“股管委”）是员工股权转让的管理机构。股管委下设办公室，具体负责员工股权（包括直接和间接持有的股权）转让事宜。

第3条　公司上市前，员工股权转让依以下情形处理：

（一）持股员工持有股权未满三年的，原则上不得转让。

（二）持股员工持有股权满三年后，可在公司员工之间以及公司对外实施股权融资过程中转让部分股权：第四年（满三年）可转让股权不超过其持股总额的30%；此后每满一年，可增加未转让前总持股份额的10%用于转让。

第4条　单一个人受让股权后，其持有股份总数不得超过500万股；单一外部股权融资机构受让股权后，其持有股份不得超过当期公司单一机构股东最大持股数。

第5条　股权转让须经股管委批准。

第6条　经股管委批准，员工持有股权的转让可以不受持股年限、受让额度和转让对象的限制。

第7条　股权转让价格以当期公司资产评估值为参照，由转让双方本着真实自愿、平等互利的原则市场化商定。

第8条　公司每年定期办理股权转让所产生的合伙协议变更、工商信息变更等工作。

第9条　间接持股员工向其他公司股东或外部融资机构实施股权转让的，应准备以下法律文书：

（一）《股份转让协议》，由该员工所在合伙企业与受让人签署；

（二）《定向分配收益决议》，由该员工所在合伙企业的全体合伙人签署；

（三）《合伙协议》，由该员工所在合伙企业的全体合伙人签署；

（四）《变更决定书》，由该员工所在合伙企业的全体合伙人签署；

（五）若转让人全额转让其持有股权，应出具《退伙协议》，由该员工所在合伙企业的全体合伙人签署。

第10条　同一合伙企业的合伙人之间实施股权转让的，应准备以下法律文书：

（一）《财产份额转让协议》，由转让人与受让人签署；

（二）《合伙协议》，由全体合伙人签署；

（三）《变更决定书》，由全体合伙人签署；

（四）《合伙人认缴确认书》，由全体合伙人签署；

（五）若转让人全额转让其持有股权，应出具《退伙协议》，由全体合伙人签署。

第11条　不同合伙企业的合伙人之间实施股权转让的，应准备以下法律文书：

（一）《股份转让协议》，由股权转让所涉及的两家合伙企业签署；

（二）《定向分配收益决议》，由转让股权合伙企业的全体合伙人签署；

（三）《合伙协议》，由两家合伙企业的全体合伙人分别签署；

（四）《变更决定书》，由两家合伙企业的全体合伙人分别签署；

（五）《合伙人认缴确认书》，由受让股权合伙企业的全体合伙人签署；

（六）若转让人全额转让其持有股权，应准备《退伙协议》，由转让股权合伙企业的全体合伙人签署；

（七）若受让人在其合伙企业尚不持有财产份额的，应准备《入伙协议》，由受让股权合伙企业的全体合伙人签署。

第12条 直接持股员工向其他公司股东或外部股权融资机构实施股权转让的，应准备《股份转让协议》，由转让人与受让人签署。

第13条 直接持股员工向员工持股平台合伙人实施股权转让的，应准备以下法律文书：

（一）《股份转让协议》，由转让人与受让股权合伙企业签署；

（二）《合伙协议》，由受让股权合伙企业的全体合伙人签署；

（三）《变更决定书》，由受让股权合伙企业的全体合伙人签署；

（四）《合伙人认缴确认书》，由受让股权合伙企业的全体合伙人签署；

（五）若受让人在其合伙企业尚不持有财产份额的，应出具《入伙协议》，由受让股权合伙企业的全体合伙人签署。

第14条 员工因离职退股、晋升增配股权或首次分配股权，须实施股权转让的，参照本办法执行。

第15条 本办法由股管委负责制定、解释和修订，自董事会/股东大会审议通过之日起执行。

第四节 员工持股会章程、会员议事规则等文件

第一章 总则

第一条 为保障全体持股员工的合法权益，根据有关法律法规，全体持股员工组成员工持股会（以下简称“持股会”）作为员工持股的自治性组织，为规范员工持股会的组织和行为，制订本章程。

第二条 本企业员工持股会名称：××有限公司员工持股会。

第三条　法定住所：A 市 B 街。

第四条　××有限公司（以下简称“公司”或者“××公司”）员工持股会系由全体持股员工组成的、管理员工持股事宜的自治性组织。

第五条　持股会会员以个人名义持有持股平台民营企业 3（有限合伙）（以下简称“民 3 合伙”）的持股份额，并作为民 3 合伙的有限合伙人，以出资额为限对民 3 合伙承担责任，员工持股会作为自治性组织，不独立对民 3 合伙和公司承担责任。

第六条　持股会设会员大会、理事会、监事。

第七条　持股会依照本章程规定，协助民 3 合伙向符合购股资格的员工募集购股资金，所有购股资金直接支付至民 3 合伙的指定账户，购股资金仅用于向××有限公司出资。

第八条　民 3 合伙依法取得公司的利润分配后，持股会按照本章程规定的分配程序进行二次利润分配。

第九条　持股会遵循的基本原则：

1. 自愿入股，按章转股；

2. 利益共享，风险共担；

3. 民主管理，公平对待。

第十条　本章程是持股会的行为准则，对持股会及其全体持股员工会员具有约束力。

第十一条　持股会的宗旨：依法维护持股员工的合法权益，使持股员工与本公司建立利益共享、风险共担的产权关系，促进本公司健康、高效发展。

第二章　持股会会员的权利与义务

第十二条　按规定持有持股平台民 3 合伙合伙财产份额的持股员工，即通过持股平台民 3 合伙间接持有××公司股权的持股员工，均为本持股会会员。员工所持股权转让后，自动丧失本持股会的会员资格。

第十三条　持股会会员享有以下权利：

1. 按持股额行使表决权；

2. 依照本章程规定转让其出资；

3. 推举和被推举为××公司董事、监事候选人；

4. 选举和被选举为持股会理事、理事长、监事；

5. 查阅持股会章程、会员大会会议纪要、会议记录等，监督持股会的管理，提出建议和质询；①

6. 按本章程规定，依据持股额及考核结果分取红利和其他形式的利益；

7. 本公司清算后，按照持股比例参与剩余财产的分配；

8. 法律法规及本章程规定和会员大会通过的其他权利。

第十四条　持股会会员应尽下列义务：

1. 承认并遵守公司章程、民3合伙协议、员工持股会章程以及持股会制订的其他规章制度；

2. 及时足额缴纳所认购的出资，并按所持股份对员工持股会承担责任；

3. 关心热爱公司，为保证公司正常经营及健康发展作出努力，积极工作，为公司创造更大效益；

4. 公司依法登记后，不得随意抽回投资；

5. 公司章程、民3合伙协议和员工持股会章程要求员工履行的其他有关义务。②

第三章　员工股权的认购

第十五条　持股会协助民3合伙募集购股资金人民币____元，用于购买本公司股权，后续资金根据本公司今后发展需要再行募集。

会员首次认购股权的数额按照本公司全体员工大会通过的员工持股

① 资料来源：互联网文档资源，http://www.docin.com/p-608224125.html。

② 资料来源：互联网文档资源，https://max.book118.com/html/2019/0314/8117036123002012.shtm。

方案确定。

第十六条　参与持股的持股员工须自筹资金购股，购股资金作为认购合伙财产份额的资金直接支付给民3合伙。员工持股的购股金可分两期缴足，其中，第一期总购股金的50%须在××年××月××日向民3合伙缴足，剩余的50%，在××年××月××日向民3合伙支付完毕。

民3合伙在收齐当期购股资金后××日内，向公司履行出资义务。

第十七条　内部员工持股在坚持自愿原则的基础上按持股方案的规定认购股权。购买股数最低额度为10000股，且所认购的股权必须是1股的整数倍。

第十八条　员工认购股权的程序：

1. 员工按照公司员工持股方案取得持股资格；

2. 具有持股资格的员工在指定期限内确定是否参与持股的意向；

3. 持股会审查其认购资格，确定其认购额度；

4. 员工按照持股会确认结果，向民3合伙缴付股金，认购合伙财产份额；

5. 民3合伙将购股款支付给公司，并将持股员工登记为有限合伙人。

第四章　持股会的组织机构

第一节　会员大会

第十九条　持股会会员大会是持股会的最高权力机构，由全体会员组成，依本持股会章程行使职权。

第二十条　会员大会行使下列职权：

1. 选举、更换持股会理事、理事长、监事。

2. 审议通过或者修改持股会章程。

3. 对影响持股员工重大权益的事项作出决议，作为民3合伙在公司股东会上表决时的依据；为免歧义，影响持股员工的重大权益事项是指公司决定再次实施员工持股，公司决定减资、增资，破产，清算等事项。

4. 选举由民3合伙推荐的董事候选人，作为民3合伙向公司推荐董事候选人的依据。

5. 审查监督员工持股会及民3合伙各项资金的使用情况。

6. 审议批准持股会工作报告、工作计划。

7. 审议通过持股会股利分配方案。[①]

8. 审议通过持股会理事会的工作报告。

9. 审议通过持股会的监事工作报告。

10. 对员工持股会的解散和清算等事宜作出决议。

11. 审议理事会、监事提交会员大会的其他议案。

第二十一条 会员大会由会员按实际出资的比例行使表决权。

第二十二条 会员大会会议每年召开一次。

如遇下列特殊情况之一的，可召开临时会员大会：

1. 由理事会提议；

2. 公司拟召开股东会，审议影响持股员工重大权益的事项的；

3. 民3合伙自××公司获得了利润，需要进行利润二次分配的；

4. 由合计持有本公司员工持股总量1/2以上份额的会员联合提议。

理事会收到召开临时会员大会提议后，对符合条件的，应于十日内召开临时会员大会，并形成相应的决议。

第二十三条 会员大会需要在本公司股东会召开之前召开的，应在本公司股东会召开前及时召开，并针对有关议案形成决议。

首次会员大会由持股最多的员工会员召集并主持；其他会员大会由员工持股会理事会召集，并由理事长主持；理事长不能履行该项职责时，应委托并指定其他理事主持。理事不能履行职责且未委托其他理事行使会议召集、主持权的，由理事中持股比例最高的理事召集、主持。

① 资料来源：互联网文档资源，https://max.book118.com/html/2019/0314/8117036123002012.shtm。

理事会收到临时会员大会的召集提议，但是明确拒绝召集会议，或者收到议案超过十日，仍未发出会员大会召集通知的，由提议召开会议的会员中持股比例最高的会员负责召集和主持；持股比例最高的会员不止一位的，由提出提案的会员共同推选一位会员作为会议的召集人和主持人。

第二十四条　会员不能出席会员大会时，可委托代理人代为出席会议和行使表决权，但只能委托持有本公司股权的员工代理参加。

委托代理人的，应由会员本人签署授权委托书，委托书应明确委托授权的范围及有关具体事项的表决意见；未注明对某一具体事项的表决意见的，代理人的意见视为委托人的意见。

第二十五条　员工持股会召开会员大会，到会会员持有的出资额达到员工所持总资本1/2以上时，持股会可以召开会员大会。

到会持股员工达不到员工总持股总比例的1/2的，理事会或者会议召集人应在五日内将会议拟审议的事项，开会日期和地点再次通知全体会员，再次通知后，持股会可以召开会员大会。

第二十六条　会员大会决议须经到会会员所持表决权1/2以上通过方为有效。但涉及审议通过或者修改持股会章程、对民3合伙或者公司进行解散和清算的重大事项决议必须经全体会员所持表决权2/3以上通过方为有效。

第二十七条　召开会员大会定期会议的，应提前十五日将会议日期、地点、议题等通知全体会员。

召开会员大会临时会议的，应提前十日将会议日期、地点、议题等通知全体会员。

第二十八条　员工持股会召开会员大会应当置备会员签名册，并将会议所议事项作成会议记录，由出席会议的理事、监事和记录员共同签字，与大会签名册、代理出席大会的委托书、表决票一并由持股会长期保存。

第二十九条　会员大会开支从留存的持股平台费用中支出。留存的持股平台费用不足开支的，由理事会商讨决定。

第二节　理事会

第三十条　会员大会下设理事会，是会员大会闭会期间的常设执行机构，受会员大会领导，对会员大会负责。

第三十一条　理事会由五人组成，由会员大会选举产生，得票多者当选。理事全部是兼职人员，不享受任何理事津贴和补助。（也可以约定享受理事津贴和补助，并约定补助标准）

第三十二条　理事每届任期为三年，理事可连选连任。

理事任职期间应忠实勤勉地履行职责，维护持股会及全体持股会员的利益，接受全体会员的监督。

第三十三条　理事会行使下列职权：

1. 负责协助民 3 合伙向内部持股员工收取认股资金；

2. 集中管理会员通过的对公司的投资；

3. 做好会员定级工作，办理会员入、退会事宜；

4. 协助民 3 合伙，办理会员增加、减少、转让股权事宜；

5. 按照本章程的规定，负责召集持股会会员大会；

6. 执行持股会会员大会决议，并向会员大会报告工作；

7. 拟订持股会的有关规章制度；

8. 拟订持股会章程的修改草案；

9. 制订持股会的红利分配方案及内部财务报告；

10. 负责保管持股会会员大会的决议及会议记录；

11. 办理持股会会员大会的其他日常工作；

12. 持股会章程及会员大会授予的其他职权。

第三十四条　理事会会议按一人一票制行使表决权。理事会作出决议，必须经全体理事的过半数表决通过。

第三十五条　理事会设理事长一人，理事长由会员大会直接选举产生，在理事选举中得票最多者为理事长。

若在理事选举中得票最多者存在并列的情形时，则并列得票最多的理事成为理事长候选人，并由理事在候选人中选出理事长。

第三十六条　理事长为员工持股会的负责人。理事长行使下列职权：

1. 主持召开会员大会；

2. 主持理事会工作；

3. 检查理事会组织实施会员大会决议的情况；

4. 负责理事会授权的其他事项。

第三节　监事

第三十七条　持股会下设监事两名，监事受会员大会领导，对会员大会负责。

第三十八条　监事由会员大会选举产生，得票多者当选，监事全部为兼职人员，不享受任何监事津贴和补助。(也可以约定享受理事津贴和补助，并约定补助标准)

第三十九条　监事每届任期为三年，可连选连任。

监事任职期间应忠实勤勉地履行职责，维护持股会及全体持股会员的利益，接受全体会员的监督。

第四十条　监事的主要职权为：

1. 列席理事会，审查理事会会议记录，并就其中存在的问题要求理事会作出解释；

2. 监督理事会依法执行职务，要求理事会立即纠正执行职务中违反法律法规及持股会章程的行为，并向会员大会作出报告；

3. 应会员要求，对理事会可能违反法律及持股会章程、侵害持股会会员利益的行为，向理事会提出质询，并向会员作出正式答复；

4. 对持股会财务状况进行监督；

5. 持股会章程及会员大会授予的其他职权。

第五章　员工股权的管理

第四十一条　持股会应当建立会员出资名册。

第四十二条　会员出资名册是员工持股会确定各会员表决权比例的重要书面凭证。

第四十三条　理事会应将员工持股的变化情况及时在会员出资名册上予以登载和变更。

第四十四条　会员对会员出资名册中有关本人的登载事项有疑问时，有权凭股权证进行查询。

持股会员对会员出资名册有异议的，应提供个人持股及股权变动的书面文件证明个人持股的数量、状态及比例，理事会经审核确认会员出资名册上，持股比例确有错误的，应当及时更正。

第四十五条　会员无论因何种原因办理转让出资手续的，均自动丧失持股会会员资格，自动脱离员工持股会；理事会经手人应及时修改会员出资名册的记载信息。

第四十六条　理事会应定期对会员出资名册进行检查。经手人应对会员出资名册变动情况及会员股权证发放情况作详细记录。

第六章　员工持股利润分配

第四十七条　持股员工与公司股东共享利益，共担风险，不享有分红优先权。

第四十八条　本公司员工持股平台民3合伙依其托管和代表的股权数额及实际出资情况，依法享有从××公司获得利润分配的权利，并由员工持股会负责所获取利润的二次分配。

第四十九条　民3合伙自××公司获取利润后，理事会应在十日内启动利润二次分配的决议，并按照决议向持股员工分配利润。

第五十条　民3合伙所获取的利润，除留存20%作为持股平台费用外，其他利润应分配给各持股会员。

第五十一条　员工持股会分配民3合伙所得利润的，应按会员个人持股的实际出资情况、业绩考核结果确定具体的利润分配方案。

业绩考核60分以上的持股员工方能享有实际利润分配权，业绩考核低于60分的持股员工不得参与分红，其对应的分红款直接作为持股平台费用。

单一持股员工的分红款=持股平台获得的分红款×80%×个人持股比例/所有员工持股比例总和。

第五十二条　民3合伙持有的预留股权不享有分红权，如预留股权有对应的分红款项，则该分红款项直接作为持股平台费用。

第七章　预留股权

第五十三条　民3合伙作为员工持股平台，本次员工持股后，设置8%的预留股权，预留股权相对应的预留合伙财产份额由××公司代持，并暂时登记在××公司名下。

该部分预留股权可以用于奖励后续对本公司投资、经营和管理作出重大贡献的新引入人才，但是每名员工的持股比例不得高于公司总股本的1%。

第五十四条　根据公司董事会、股东会决议获得员工股权认购资格的员工，可以依据公司员工持股方案，以不低于经核准或备案的每股净资产评估值的价格认购预留股权，但是每名员工认购后的总持股比例不得高于公司总股本的1%。

员工认购预留股权后，获得持股会会员的资格，并自实际出资之日起，根据业绩考核情况享有对应的分红权。

第五十五条　根据公司《员工持股方案》规定，本公司员工持股计划实施时，未被公司员工认购的股权转为预留股权。

公司增资时，由员工持股会协助民3合伙按照比例增购，且会员个人未认购持股平台相对应合伙财产份额的部分，也属于预留股权。

持股会员退出时，向民3合伙的预留合伙财产份额持有人转让的合伙财产份额，亦为预留合伙财产份额的一部分。

第五十六条　在公司章程规定的出资期限届满前，预留股暂不实际出资；如公司章程规定的出资期限届满，则由员工持股会协助民3合伙筹措资金履行出资义务，并具体由理事会负责预留股权的管理和运作。

第五十七条　预留股权所对应的预留合伙财产份额在未被会员个人认购持有时，在会员大会及股东会上没有表决权。预留股权的表决权不得由个人行使，也不用于增加会员大会及股东会已决议通过的事项的表决权数。

第五十八条　持股平台未就预留股权实际出资前，不享有分红权；持股平台如就预留股权获得分红，所获红利运作遵循下列原则和顺序：

1. 用于员工持股会及民3合伙的开支；

2. 用于归还实缴预留股权出资时的借款；

3. 用于再次实缴预留股权出资；

4. 用于回购会员所持合伙财产份额。

第八章　股权处置管理

第五十九条　会员通过持有民3合伙份额所间接持有的股权不能退股。

第六十条　持股员工通过民3合伙所间接持有的股权不得私自转让、交易、赠与。会员转让合伙财产份额需向持股会提出申请并经理事会批准后，方可按本章程第六十一条规定办理转让手续。

第六十一条　持股员工转让所持合伙财产份额经理事会批准后，其所持合伙财产份额须转让给民3合伙的指定主体，签署合伙财产份额转让协议，并办理合伙财产份额的变更登记手续。

第六十二条　员工持有的合伙财产份额在原则上三年内不得转让（以下简称“锁定期”），如在上述期限内有特殊情况需要转让的，应按照如下情形分别处理：

1. 持股员工因死亡、伤残、退休、公司战略调整或调离、或者公司与员工协商一致等非该员工主观因素原因导致持股员工与公司解除劳动合同关系，离开公司的（以下简称“善意离职”），其持有的合伙财产份额，必须在离职之后12个月内，按照有效评估报告确定的每股净资产价格转让给民3合伙内的指定主体（也可以直接表述为预留合伙财产份额的持有人），并按照第六十一条的规定办理变更登记手续。

该持股员工因持股曾经获得的分红款项，无须退还。

2. 持股员工由于违反公司规章制度，严重失职、营私舞弊，或者违反法律的规定而被追究行政、刑事责任及其他因为该持股员工的过错被公司解除劳动合同关系的，或者持股员工主动离职，但是有证据证明其加入竞争对手的（以下简称“恶意离职”），其持有的合伙财产份额，必须在离职之后12个月内，按照认购价格、上一年度经评估的每股净资产值中孰低的价格转让给民3合伙内的指定主体（也可以直接表述为预留合伙财产份额的持有人），并按照第六十一条的规定办理变更登记手续；该员工拒绝配合签署转让文件或者拒绝配合办理变更登记手续的，经员工持股会理事会决定，民3合伙可以直接以执行事务合伙人决定的形式进行强制变更。

该持股员工曾因持股获得过股权分红的，该分红款项应退回民3合伙，该等分红款可以直接从其合伙财产份额转让款中扣除，不足扣除的部分，有权向其追偿。

第六十三条　锁定期届满后，各持股员工可以按照第六十四条的规定转让其持有的合伙财产份额。

锁定期外，转让合伙财产份额的，持股员工为公司董事、监事、高级管理人员的，每年可转让额度不得超过其所持股权额的25%，持股员工间接持股股权数不足1000份份额的，可以在该年度一次性转让。

持股员工未担任公司董事、监事、高级管理人员职务的，不受前款转让限额的限制，在锁定期外，可以转让任意比例的所持股权额。

第六十四条　锁定期外，持股员工转让其持有的合伙财产份额的，只能在民3合伙的合伙人之间进行内部转让，不能向民3合伙以外的人员转让。

持股员工向其他有限合伙人转让其所持有的合伙财产份额的，转让价格由双方协商确定；向预留合伙财产份额的代持人转让股权的，转让价格依据有效评估报告确定的每股净资产价格计算，该合伙财产份额回购后，直接纳入预留合伙财产份额的一部分。

除预留合伙财产份额持有人以外的受让主体受让相应合伙财产份额后，受让后的持股比例总和不得高于公司总股本的1%。

除第六十六条第二款规定的情形外，持股员工锁定期外转让合伙财产份额的，因持股已经获得分红款项的，无须退还。

第六十五条　锁定期外，持股员工因善意离开公司的，按照第六十四条的规定处理，但是必须在离职后12个月内完成合伙财产份额转让手续。

锁定期外，持股员工恶意离职的，按照第六十二条第二款的规定处理。

第九章　解散和清算

第六十六条　持股会有下列情形之一的，应予以解散，并依法成立清算组进行清算：

1. 本公司经营期限届满或本公司依法解散；

2. 持股会会员大会决议持股会解散；

3. 持股会章程规定的其他解散事由出现。

第六十七条　持股会依照前款规定解散时，应当在十五日内成立内部清算小组，并制定具体清算办法。清算小组成员应由会员大会以决议方式选定。

清算结束后，清算小组应制作清算报告，并向全体会员通报。

第十章　附则

第六十八条　本章程经首届会员大会审议通过后生效。

第六十九条　根据需要，员工持股会可以对章程进行修改。修改后的章程须经会员大会通过后方能生效。

第七十条　本章程解释权归理事会。

××有限公司员工持股会

年　月　日

第五节　国有上市公司中长期激励纠纷案例分析

国企改制成股份公司并上市后，市场化的人才激励制度是上市公司的限制性股票制度。上市公司和核心员工之间签订合同，主要内容为上市公司按照预先确定的条件授予激励对象一定数量的本公司股票，通常要求激励对象只有在满足工作年限、业绩目标或竞业禁止等约定的条件时，才有权出售限制性股票并从中获益。

良好的股权激励制度可将股东、公司、经营者的利益紧密结合，优化公司的薪酬制度，有利于留住和吸引人才，提高公司在市场中的竞争力，使公司成为国企改制后上市公司进行现代企业治理的亮点。虽然股权激励在国外比较成熟，但是，在我国上市公司特别是国有企业改制后的上市公司中实施股权激励还处于探索阶段，还需要不断加以完善才能适应国企改制的真正需要。

由于股权激励的合同是公司与员工之间签订，股权激励设定的条件往往涉及劳动者权利，因此，签订合同和执行合同的过程中，可能存在诸多问题，可能产生纠纷甚至导致双方对簿公堂。理论上，关于此类合同纠纷属于劳动争议还是平等民事主体之间的一般民事合同纠纷、纠纷处理的程序及相关限制条款的效力，都存在较大争议。不同的处理程序对处理结果有重大的影响。下面举一个案例加以说明。

××集团股份有限公司（以下简称“××集团”）是某地方国企进行股份制改造以后的上市公司。为了激励员工为公司长久效力，××集团提出了限制性股权激励计划。2008年6月，××集团与时任集团公司财务部经理的李某签订了《××集团股份有限公司限制性股票激励计划协议书》（以下简称《限制性股票激励计划协议书》）。《限制性股票激励计划协议书》约定：员工自公司离职后2年内不得加入与公司经营范围高度类同的同行业企业。2010年，××集团调整李某到××集团控股公司任总经理职务。2013 年李某辞职。2014 年李某到 ××集团经营范围高度类同的同行业企业供职。

因此，××集团向法院提起诉讼，认为双方存在证券认购纠纷，请求判令：李某返还出售限制性股票获得的收益 50 万元，并承担与收益同等金额的违约金 50 万元。

李某坚称其股权收益行为是××集团限制性股票激励计划的一部分，是劳动纠纷，应按照劳动争议的程序解决；而××集团认为李某在××集团控股公司任职，而不在××集团任职，李某不是××集团公司员工，因此双方纠纷不是劳动纠纷而是证券认购纠纷。

因此，本案例的焦点是××集团与李某的纠纷是劳动纠纷还是合同纠纷。

虽然双方在李某是不是××集团职工的问题上有所争议，但是，在调查中发现，无论是本案例××集团《解除合同证明书》、社保记录等大量证据证实，还是《限制性股票激励计划协议书》的书面内容及××集团起诉书自认，都证明在签订《限制性股票激励计划协议书》时，李某与××集团存在劳动关系，而且根据《上市公司股权激励暂行办法（试行）》（证监会司字（2005）151 号）规定，上市公司股权激励的对象也只能是公司高管或技术人才。

退一步而言，即便李某曾经在××集团控股公司任职，由于××集团控股公司属于××集团的控股关联公司，李某作为××集团的中高层干部被委派到下属子公司兼任职务属于集团内部的人员调配，是基于××集团内部管理的需要，李某依然要服从××集团的管理和支配，属于公司的员工。

限制性股票是否属于薪酬？无论从限制性股票的法律性质、××集团实施目的、激励利益实现条件，还是从考核依据来看，本案例××集团与李某之间的《限制性股票激励计划协议书》及履行，是基于李某与××集团较长时间存在劳动关系的事实及李某对××集团的生产经营作出的贡献和业绩，体现了劳动关系中用人单位对劳动者基于劳动者身份关系给予福利、进行管理、实施奖励的特征，属于用人单位因劳动者的突出劳动贡献以及激励劳动者继续积极工作而向劳动者支付的具有经济性福利的薪酬。虽然其授予时不属于劳动法强调的以法定货币形式支付，但由于其股权激励价格大幅低于股票市场价格，劳动者行权时，必然会为劳动者带来差价的收益，这部分的收益可以法定货币形式得以实现。基于上述分析，本案例中李某获得授予的限制性股票应当属于薪酬组成部分，具有劳动者接受用人单位管理、约束和激励的劳动关系典型特征，明显不同于平等民事主体之间的普通民事合同纠纷。

违反竞业限制约定是否属于劳动法调整范畴？本案例属于《民事案件案由规定》规定的劳动争议纠纷项下的竞业限制纠纷。《限制性股票激励计划协议书》第三条第5款规定，“在解除或者终止劳动合同后，前款规定的人员到与本单位生产或者经营同类产品、从事同类业务的有竞争关系的其他用人单位，或者自己开业生产或者经营同类产品、从事同类业务的竞业限制期限，不得超过二年”；[①]“乙方在获授限制性股票并解锁后离职的，应当在2年内不得从事相同或类似相关工作。如果乙方在获授限制性股票并解锁之后离职，在离职的2年内从事相同或类似工作的，乙方应当将其因获授股票流通所得的全部收益返还给甲方，并承担与其获授股票流通所得收益同等金额的违约金”。这一竞业限制条款限制了李某离职后一定期限内就业的范围。而劳动合同法对竞业限制的范围、期限、补偿等均有强制性的规定，因此，××集团以李某违反竞业限制约定为由要求返还限制性股票收益并承担违约责任也应属于劳动法调整之范畴。

本案例纠纷是否为证券认购纠纷？本案例纠纷非证券认购纠纷，且类似纠纷也被司法实践当作劳动纠纷处理。《民事案件案由规定》规定

① 欧虹. 劳动合同中竞业禁止条款法律问题研究[D]. 贵阳：贵州大学，2019.

的证券发行失败纠纷，包含证券认购纠纷和证券发行失败纠纷两种类型。证券发行失败纠纷是由于发行人、承销商的违法行为致使投资者损失的纠纷，因此，主张赔偿的主体必然是投资者。

在证券发行过程中，因证券认购、申购、赎回，证券发行失败，或者因证券信息披露违法被撤销等产生的纠纷应按证券发行纠纷受理。因此，证券认购纠纷属于证券发行纠纷的一种，也是因发行人、承销商的违法行为导致投资者损失产生的纠纷。而本案例××集团是发行者，是限制性股票的授予者，李某是劳动者，是基于劳动关系而被授予限制性股票，××集团请求返还限制性股票收益并支付违约金，不符合证券认购纠纷之定义，认为用人单位与员工因限制性股票发生争议属于劳动争议，而不是合同纠纷或证券认购纠纷，应适用劳动仲裁前置程序。

法院经审查认为，××集团主张李某违反其在职期间与公司签订的《限制性股票激励计划协议书》的约定，自公司离职后 2 年内加入了与公司经营范围高度类同的同行业企业，李某应当返还其在职期间按照该协议约定取得的出售限制性股票收益及违约金。因此，本案例争议起因于上述协议，而该协议约定××集团向李某发放限制性股票作为李某竞业限制的补偿，实际系劳动合同中竞业限制补偿条款的具体化，双方因此发生的纠纷属劳动争议案件，应适用劳动仲裁前置程序，不应以证券认购纠纷直接向人民法院起诉。

此后，经过劳动仲裁，确认李某为当时××集团公司的员工，按照《中华人民共和国劳动法》以及《限制性股票激励计划协议书》的条款，对双方进行了调解。

股权激励纠纷案件可以根据当事人之间合同的具体约定、案件争议的事实，个案具体分析判断。对于员工与用人单位之间因绩效考核、劳动关系解除和竞业禁止等引发股权激励纠纷，因审理焦点系查明用人单位对股权激励对象行使用工管理权或限制劳动权利等是否符合劳动法律法规，故按照劳动争议程序，适用劳动法律法规裁判更符合实际。相反，员工与用人单位之间仅仅是实施奖励、基于单一承诺或者并未附加涉及限制劳动者劳动法意义上基本权利的股权激励计划，按照平等主体之间民事合同处理则程序上更加简便。

本案例××集团与李某之间签订的《限制性股票激励计划协议书》，约定的实施对象、具体内容特别是激励利益所附实现条件和考核依据，更多是基于李某与××集团存在较长时间劳动关系，体现了劳动关系中用人单位对劳动者基于劳动者身份关系给予福利、进行管理、实施奖励的特征，属劳动争议案件，应适用劳动仲裁前置程序，不应以证券认购纠纷直接向人民法院起诉。

虽然本案例双方签订《限制性股票激励计划协议书》的2008年前后，李某任职××集团控股的关联公司的总经理，××集团据此上诉称李某其时与××集团不存在劳动关系。且不说××集团的主张是否成立，这恰恰反映本案例双方关于劳动关系是否存在这一关键事实也存在争议，因此本案例作为劳动争议处理更加必要和当然。反之，如果××集团的主张成立，即其与李某之间不存在劳动关系，那么其又主张李某违反了竞业禁止，要求李某退回××集团相关股权收益及赔偿违约金，那其诉求就成了无本之木，逻辑上自相矛盾。

因此，作为国企改制后的上市公司，进行员工股权激励之前应该做好顶层设计，充分研究和设计股权激励计划的条款，做到既符合公司的长远利益，又激励员工为公司创造业绩，从而减少和避免股权激励纠纷。

第六节　国有非上市公司中长期激励纠纷案例分析

A持股会系2001年10月经××市民政局核准成立的社会团体法人，其业务范围为负责募集职工股金，集中管理出资证明书，办理职工入、增、转股事宜，办理会员分红，代表会员行使表决权等，注册资本为469664元，入会会员为203人，其中张××为会员，现金认股为1121.23元。

A持股会设《联合会章程》。该章程主要内容为：第十四条，《联合会章程》是联合会开展各项活动的准则。第十五条，A持股会会员每5万原始股产生一个会员代表，A持股会会员代表大会是A持股会的最高权力机构。第十七条，A持股会会员代表大会采取一人一票制进行表决的方式，对《联合会章程》的修改、联合会增加或减少对公司投资等重大事项，须经代表持股员工多数通过。第十八条，A持股会设立员工持股理事会，员工持股理事会是员工A持股会的日常办事机构。第十九条，员工持股理事会设理事4名，其中理事长1名，理事由A持股会会员代表大会选举产生，理事长由理事会选举产生；理事会决议须经全体理事过半数表决通过方可有效，每届理事会任期三年，任届期满，可连选连任。第三十一条，会员个人持有的股份可在会员之间进行转让(但必须到财务备案)，不得向非会员转让，不得继承，转让价格双方协商而定。第三十四条，A持股会所持公司的股份，经A持股会会员代表大会同意，可部分或全部转让给公司其他发起人，部分转让的按比例减少会员持股数量，全部转让的，解散A持股会。

根据《联合会章程》，A持股会共选举会员代表10名，分别为鞠××、郭××、苗××、陈××、丁××、王××、谭××、刘××、梁××、李××。其中理事为郭××、苗××、陈××，理事长为鞠××。

A持股会系B有限责任公司的法人股东，出资46.9万元，占该公司资本的57.98%。B有限责任公司的自然人股东为刘×、宋××、宋××、陈×、段××。

张××系A持股会会员。根据《联合会章程》第十七条规定，联合会增加或减少对公司投资等重大事项，须经代表持股员工多数通过。但2009年5月17日，A持股会作出的会员代表大会决议，将员工股权转让给会员以外的第三人，减少了对公司的投资，损害了张××等A持股会会员的利益。

为此，2012年7月10日，张××向法院起诉，要求确认：A持股会于2009年5月17日作出的会员代表大会决议无效；A持股会理事会于2010年1月20日作出的理事会会议纪要无效；A持股会于2011年10月22日与宋××签订的会员股份转让协议无效。

A持股会原审辩称：对张××诉称的三份文件内容，A持股会并不知情，A持股会也未召集会员代表召开2009年5月17日的会议，2011年10月22日的股权转让协议上的公章不是A持股会的公章，对涉案三份文件的效力，A持股会不予认可，要求依法裁决。

股权购买方宋××述称：涉案的三份文件均合法有效，并未违反《联合会章程》的规定，要求驳回张××的诉讼请求。

取证经过：

张××提供从工商部门调取的2009年5月17日的A持股会会员代表大会决议一份，该决议载明，A持股会会员代表大会于2009年5月17日召开，大会依据《联合会章程》第十七条、第二十四条、第三十一条、第三十四条的规定，作出决议如下：①同意李××等共计80名会员（其中有李××等50名会员转让彭××后，由彭××转让给宋××），将其在工商登记备案的出资合计259832.36元转让给公司发起人宋××。②同意A持股会将其在工商局登记的出资46.9万元减少25.98万元，减少至20.92万元；持股联合会由原来的占公司注册资本的57.98%减少至占公司注册资本的25.86%。③选举彭××、张××、刘×、李××为新的理事会理事；该决议会员代表签字处有“李××、谭××、刘××、梁××、王××、陈××”的签字及捺印。张××主张，该决议上“梁××、陈××”的签字经核实并非梁××、陈××本人所签及捺印，该二人对上述会员代表决议的内容并不清楚。A持股会对上述证据质证后认为，对上述会员代表决议的内容不知情，其从未召开上述会议。宋××对上述会员代表决议的真实性没有异议。

张××申请对2009年5月17日A持股会会员代表大会决议中“陈××”的签字及捺印是否系陈××本人所签捺进行司法鉴定。法院委托司法鉴定所进行了鉴定，结论为2009年5月17日A持股会会员代表大会决议中“陈××”的签字及捺印均不是陈××本人所签捺。对上述鉴定结论，张××、A持股会均无异议；宋××对该鉴定结论不予认可，认为该鉴定结论错误，要求重新鉴定。

张××提供从工商部门调取的2010年1月20日的A持股会理事会会议纪要一份，该纪要载明，A持股会理事会全体理事于2010年1月20日召开理事会会议，会议根据持股会目前现状，依据《联合会章程》第十八条、第十九条之规定，全体理事一致通过如下事项：①选举彭××为新一届理事长，A持股会法定代表人；免去鞠××理事长、A持股会法定代表人职务。②宣布A持股会原印章作废，重新刻制新印章，启用新印章；全体理事签字处有“彭××、张××、李××、刘×”签字。经质证，A持股会认为，对该理事会召开不清楚，内容也不知道，对该证据的真实性不予认可。宋××对上述证据的真实性无异议。

张××提供从工商部门调取的2011年10月22日的A持股会与宋××签订的会员股份转让协议一份，该协议载明，就A持股会将其在B有限责任公司中的部分股权转让给宋××的相关事宜，经协商达成如下协议：①转让股权额，A持股会同意将其在工商局登记的出资46.9万元中的25.98万元转让给宋××，A持股会由原来占公司注册资本的57.98%减少至占公司注册资本的25.86%，宋××同意受让A持股会该股权转让额25.98万元；②转让价格，双方同意上述股权转让价格为25.98万元，宋××另行需支付A持股会会员企业内部债转股作价26.13万元；③转让款支付，宋××将股权转让款25.98万元及企业内部债转股作价款26.13万元，按照A持股会会员实际出资额直接支付给会员；④A持股会到工商登记部门办理相应的股权转让手续，宋××予以配合，该协议下方盖有“B有限责任公司员工持股联合会”的公章及宋××的签字。经质证，A持股会认为，对该股权转让的事实不知情，上面的公章不是A持股会的。宋××对上述证据的真实性无异议。

原审查明的上述事实，有《联合会章程》、会员代表大会决议、理事会议纪要、股权转让协议、笔迹鉴定报告、当事人陈述等在案为证。

法院认为：A持股会的《联合会章程》系各会员真实意思表示，符合法律规定，合法有效，该章程对各会员均具有法律约束力。A持股会的会员代表大会、理事会等各项活动均应按照该章程进行，不得损害会员的合法权益。会员如认为A持股会及理事会的相关决议违反了该章程规定，损害了其合法权益，有权请求确认该决议无效。

本案当事人争议的焦点为涉案的会员代表大会决议、理事会纪要、股权转让协议是否合法有效。

首先，A持股会对上述三份文件的内容并不知情，宋××也未提供证据证实A持股会对上述三份文件的内容进行了追认，故应当认定上述三份文件内容并不是A持股会的真实意思表示，对会员不具有法律约束力。

其次，从涉案三份文件的内容及形成程序分别分析如下：

第一，关于2009年5月17日的A持股会会员代表大会决议，其内容涉及会员股份向非会员的转让、A持股会对公司投资的减少以及新理事的选举等事项。

上述会员代表大会决议第一项关于会员股份向非会员股份转让的决议，其内容违反了《联合会章程》第三十一条“A持股会会员所持股份不得向非会员转让”的相关规定，应当认定无效。上述会员代表大会决议第二项关于A持股会减少对公司投资的决议，根据《联合会章程》第十七条“A持股会减少对公司投资等重大事项，须经代表持股员工多数通过”的相关规定，该决议内容应当经会员代表过半数通过，而在该决议上签字的六名会员代表中，经司法鉴定“陈××”的署名不是其本人所签，故出席会议的会员代表数已不足六人，未能达到章程规定的会员代表过半数的要求，故该决议第二项内容应认定为无效。宋××关于司法鉴定结论错误，要求重新鉴定的申请，因未提供充分反驳证据，不予准许。

上述会员代表大会决议第三项关于新理事选举的决议，根据《联合会章程》第十九条“理事由A持股会会员代表大会选举产生”的相关规定，选举理事应由会员代表大会进行选举，同时，参照A持股会重大事项的决策程序，应由会员代表过半数通过，如前所述，出席会议的会员代表数不足六人，未能达到会员代表过半数的要求，故该决议第三项内容应认定为无效。综上，2009年5月17日的A持股会会员代表大会决议应当认定为无效。

第二，关于2010年1月20日的A持股会理事会会议纪要，其内容涉及新旧理事长的选举及任免。根据《联合会章程》第十九条“理事长由理事会选举产生，理事会决议须经全体理事过半数表决通过方可有效”的相关规定，因参加上述理事会的新理事4人（彭××、张××、李××、刘×）的理事资格由于2009年5月17日持股联合会会员代表大会决议的无效而相应无效，故2010年1月20日的A持股会理事会会议纪要决议无效。

第三，关于2011年10月22日的A持股会与宋××签订的股权转让协议，该协议涉及A持股会向公司发起人转让股份及对公司投资减少等事宜，根据《联合会章程》第三十四条“联合会所持公司的股份，经A持股会会员代表大会同意，可部分或全部转让给公司其他设立发起人”及第十七条“A持股会减少对公司投资等重大事项，须经代表持股员工多数通过”的相关规定，上述协议内容未经会员代表过半数通过，应当认定为无效。

综上，张××的诉讼请求，合法有据，予以支持。据此，依据

《中华人民共和国民事诉讼法》第一百四十二条之规定，法院进行了判决：①确认2009年5月17日的B有限责任公司员工持股联合会会员代表大会决议无效；②确认2010年1月20日的B有限责任公司员工持股联合会理事会会议纪要无效；③确认2011年10月22日的B有限责任公司员工持股联合会与宋××签订的股权转让协议无效。

双方当事人争议的焦点问题是2009年5月17日的A持股会会员代表大会决议、2010年1月20日的A持股会理事会会议纪要、2011年10月22日的A持股会与宋××签订的股权转让协议是否有效。

关于2009年5月17日的A持股会会员代表大会决议是否有效的问题，根据A持股会的《联合会章程》，对A持股会减小对公司的投资、选举新理事、向非会员转让股份等涉及会员利益的重大事项，应当经过会员代表大会过半数通过，这是A持股会全体会员设立该团体法人时对人合性与资合性的一致选择；本案中，A持股会共有十名会员代表，上述会员代表大会决议只有包括陈××在内的六名会员代表的署名捺印，该会员代表大会决议是否有效对应的关键事实问题是该决议中"陈××"的署名是否系陈××本人所签；如是，则该会员代表大会决议过全部十名会员代表的半数通过有效，如否，则该会员代表大会决议未过全部十名会员代表半数通过无效。

在案证据载明的内容中，陈××本人自始未认可参加过2009年5月17日的A持股会会员代表大会，未认可在该会员代表大会决议上签字捺印，也未认可委托他人参加该会员代表大会或委托他人签字捺印，陈××在本案中作出的上述意思表示与文痕鉴字第241号鉴定结论能够相互吻合。

综合在案证据，本案中可以认定2009年5月17日的A持股会会员代表大会决议中"陈××"的署名捺印非陈××本人所签捺，据此，该会员代表大会决议因未过半数会员代表通过无效，由该次会员代表大会决议选举出的新理事、作出的减小对公司的投资意向也归于无效，由该会员代表大会决议事项所衍生的2010年1月20日的A持股会理事会会议纪要、2011年10月22日的A持股会与宋××签订的股权转让协议亦归于无效。

综上，宋××上诉主张2009年5月17日的A持股会会员代表大会决议、2010年1月20日的A持股会理事会会议纪要、2011年10月22日的A持股会与宋××签订的股权转让协议有效的证据不足。